Gesund essen

Allergenarm genießen

100 REZEPTE OHNE DIE 12 HAUPTALLERGENE

Autor: Friedrich Bohlmann
Photographie: Jörn Rynio

Inhalt

LEBENSMITTELALLERGIEN

REZEPTE

Frühstück, Aufstriche & Drinks

Salate

Suppen

Trotz
Lebensmittelallergie
lecker genießen
– mit den richtigen Rezepten

Ein Kribbeln auf der Zunge, Kopfschmerzen oder sogar Kreislaufschwäche – wer erfährt, dass die Verursacher sich in bisher scheinbar problemlos vertragenen Lebensmitteln verstecken, ist meistens erst einmal ratlos.

Stellt sich dann heraus, dass beispielsweise herkömmliche Getreidesorten zukünftig verboten sind oder die Eier vom Speiseplan genauso wie aus dem Kuchenteig verschwinden müssen, ja sogar Milch und Milchprodukte als unerwünscht gelten, kommt schnell Verzweiflung auf. Was kann ich dann noch essen?

Eine Antwort darauf gibt dieses Buch. Die vorgestellten Gerichte können die meisten Allergiegeplagten bedenkenlos genießen. Denn alle Rezepte verzichten auf die – laut Lebensmittelrecht – zwölf häufigsten und gefährlichsten Allergieauslöser. Mit diesen Rezepten und einer bewussten Lebensmittelauswahl nimmt Ihnen keine Lebensmittelunverträglichkeit mehr die Freude am Kochen und Genießen.

Unverträglichkeiten gegen Nahrungsmittel

– von echter Allergie bis zum Enzymdefekt

Allergie – das Immunsystem spielt verrückt

Täglich gelangen über die Nahrung viele körperfremde Substanzen in den Körper. Beim ersten Kontakt mit einem solchen Eindringling, der in der Regel völlig unbemerkt verläuft, bildet das Immunsystem spezifische Antikörper, medizinisch oft auch Immunglobuline genannt. Diese fangen bei allen folgenden Kontakten die Eindringlinge ab und leiten weitere Abwehrreaktionen ein. Das geschieht ununterbrochen im Körper, in aller Regel, ohne dass wir es merken. Erst wenn der Angreifer sich als gefährlich erweist, reagiert der Körper darauf mit deutlich erkennbaren Symptomen.

Bei einer Allergie dagegen ist ein harmloser Stoff als hochgefährlich im Gedächtnis des Immunsystems abgespeichert. Zur Abwehr schütten Zellen des Immunsystems Histamin aus. Dieses Histamin erweitert die Blutgefäße, sodass mehr Abwehrstoffe über das Blut transportiert werden können. Außerdem sorgt Histamin dafür, dass sich die Muskeln zusammenziehen, damit Eindringlinge über den Darm oder die Lungen schneller ausgeschieden werden. Durchfall, Erbrechen oder Heuschnupfen sind mögliche Folgen. Eine durchaus sinnvolle Körperreaktion, wenn riskante Krankheitsauslöser in den Körper gelangt sind. Doch bei einer Allergie können solche Abwehrmaßnahmen des Körpers oft quälend und im Extremfall sogar lebensbedrohlich sein.

> ### ➤ Der anaphylaktische Schock
>
> Er ist die größte Gefahr bei Allergien. Denn durch das übermäßig gebildete Histamin können sich die Gefäße so stark erweitern, dass der Blutdruck in den Adern dramatisch sinkt und wichtige Organe nicht mehr optimal durchblutet werden. Ein Brennen der Zunge, plötzliche Übelkeit und starker Schweißausbruch sind weitere typische Kennzeichen. Rasend schnell sammelt sich Wasser im Gewebe. Atemnot tritt ein und Kreislaufkollaps sowie Bewusstlosigkeit können folgen.
> Der Betroffene schwebt in Lebensgefahr. In solch einer Situation müssen Sie sofort den Notarzt verständigen und den Betroffenen flach mit angehobenen Beinen lagern. Bei Bewusstlosigkeit bringen Sie ihn in die stabile Seitenlage.

Pseudoallergie mit echten Problemen

Der Name täuscht. Wer unter einer Pseudoallergie leidet, hat nicht weniger damit zu kämpfen als »echte Allergiker«. Denn auch hier wird übermäßig viel Histamin freigesetzt, was zu den typischen Allergiesymptomen führt. Doch was die Pseudo- von der echten Allergie unterscheidet, ist die Ursache für die übermäßige Histaminproduktion. Bei der Pseudoallergie ist nicht das Immunsystem für den Histaminausstoß verantwortlich. Vielmehr regen spezielle Lebensmittelinhaltsstoffe unmittelbar sogenannte Mastzellen dazu an, ihr Histamin freizusetzen. Anders als bei einer echten Allergiereaktion, bei der schon geringste Allergenmengen eine Reaktion auslösen, hängt es bei einer Pseudoallergie vor allem von der Menge der Auslöser-Substanzen ab, ob es zu Allergiebeschwerden kommt. Auslöser-Substanzen können Inhaltsstoffe von Lebensmitteln wie Lektine in Erdbeeren oder Salicylate in Äpfeln sein, aber auch Lebensmittelzusatzstoffe wie beispielweise das Konservierungsmittel Benzoesäure oder der Farbstoff Tartrazin. Pseudoallergien, verursacht durch Lebensmittelzusätze, treten allerdings vergleichsweise selten auf.

Enzymdefekt und Darmprobleme

Weit häufiger als Allergien und Pseudoallergien sind Lebensmittelunverträglichkeiten. Da ihre Symptome denen von Allergien sehr ähneln, werden sie häufig damit verwechselt. Doch die Ursachen der Beschwerden sind völlig andere. Liegt z. B. eine Unverträglichkeit gegen Gluten vor, reagiert die Schleimhaut der Darmzotten hochempfindlich auf dieses Eiweiß, enthalten in den Getreidesorten Weizen, Roggen, Gerste, Hafer und Dinkel. Werden die Darmzotten immer wieder diesem Eiweiß ausgesetzt, führt es letztlich dazu, dass der Körper seine eigenen Darmzotten zerstört. Dies hat zur Folge, dass viele Nährstoffe nicht mehr optimal aufgenommen werden können. Bei Kleinkindern heißt diese Krankheit Zöliakie und führt zu Übelkeit und Wachstumsstörungen. Bei Erwachsenen spricht man von einheimischer Sprue. In der Regel verschwinden erst nach einer lebenslangen Ernährungsumstellung auf glutenfreie Produkte sämtliche Symptome von leichten Bauchschmerzen bis hin zu Eisenmangelstörungen oder Gelenkproblemen. Nicht selten deuten Betroffene diese Beschwerden als Weizenmehl-

> ### ➤ Symptome einer Lebensmittelallergie
>
> Ob echte oder Pseudo-Lebensmittelallergie, die Beschwerden sind die gleichen. Sie treten vor allem dort auf, wo die Allergieauslöser versuchen, in den Körper einzudringen, also an den Schleimhäuten und im Darm. Typische Symptome sind:
> › Atembeschwerden
> › Bauchschmerzen
> › Durchfall
> › Erbrechen
> › gerötete Augen
> › Hautrötungen
> › Husten
> › Kribbeln im Mundbereich
> › Schnupfen
> › Schwellungen
> › Übelkeit

Allergie und steigen deshalb auf ein anderes Getreide um, das ebenfalls Gluten enthält. So bleibt es bei den Beschwerden und die Ratlosigkeit nimmt zu. Erst eine Gewebeprobe kann zweifelsfrei entscheiden, ob es sich um eine Allergie oder eine Glutenunverträglichkeit handelt und welche Therapie angezeigt ist.

Noch öfter vermuten Patienten, an einer Milchallergie zu leiden, weil auf ein Glas Milch Blähungen, Bauchkrämpfe, Übelkeit und spontane Durchfälle folgen. Auch hier ist die Ursache weit häufiger ein Enzymmangel und keine Allergie auf Milcheiweiß. Der Darm produziert zu wenig Laktase, ein Enzym, das den Milchzucker abbaut. Folglich reicht es nicht aus, auf Milch zu verzichten. Der Betroffene muss auch Produkte meiden, denen Milchzucker zugesetzt wird. Dazu zählen beispielsweise Fertigprodukte, Würzmischungen, Tütensuppen und Speiseeis. Mittlerweile gibt es aber in jedem Supermarkt milchzuckerfreie Milch und Milchprodukte.

Unverträglichkeiten erkennen –

Gewissheit schaffen, angstfrei genießen

Es beginnt mit Beschwerden wie Hautausschlag, Bauchkrämpfen, Blähungen oder gar Atemnot. Für den Betroffenen lässt sich selten sofort der Zusammenhang zwischen Auslöser und Beschwerde feststellen. Denn vom Aal bis zur Zwiebel kann auf unserem Teller fast alles eine Lebensmittelallergie provozieren. Doch das Beruhigende ist: Fleisch, Kartoffeln, viele Gemüsesorten und Öle kommen als Verursacher fast nie in Frage. Wächst der Verdacht, dass Lebensmittel tatsächlich die Ursache für die Beschwerden sind, geraten nicht selten ständig andere Lebensmittel in den Verdacht oder die Liste der Verursacher wird immer länger. Betroffene wissen sich häufig nicht anders zu helfen, als ihren Speiseplan rigoros einzuschränken. Dies geht leider häufig zu Lasten der Speisenvielfalt und Nährstoffversorgung. Um dies zu vermeiden, sollten Sie mit Ihrem Arzt abklären, ob und welche Allergie oder Unverträglichkeit besteht (siehe auch Seite 12/13).

Sinnvolle Therapie erst nach exakter Diagnose

Umgangssprachlich fassen wir Allergien, Pseudoallergien und bestimmte Verdauungsprobleme wie die Milchzuckerunverträglichkeit häufig unter dem Begriff Allergie zusammen. Experten sprechen als Oberbegriff all dieser Erkrankungen lieber von »Nahrungsmittelunverträglichkeit«. Doch warum ist es wichtig, hier genau zu

➤ Fast 20 Millionen Betroffene

Leider fehlt es in Deutschland an gesicherten Daten, wie viele Menschen jemals in ihrem Leben unter einer Lebensmittelunverträglichkeit leiden. Viele entwickeln mit den Jahren eine Milchzuckerunverträglichkeit, etliche litten bereits als Säugling an einer Allergie. Im Laufe des Lebens ist schätzungsweise jeder Vierte in Deutschland von einer Lebensmittelunverträglichkeit betroffen. Und die Zahl steigt. Weil die Auswahl an Lebensmitteln immer größer wird, nimmt auch das Risiko zu, dass sich darin Auslöser von Allergien und Unverträglichkeiten verstecken.

differenzieren? Wenn wir die manchmal sehr quälenden Symptome gezielt bekämpfen wollen, müssen wir exakt wissen, um welche Art von Nahrungsmittelunverträglichkeit es sich handelt. Die gleichen Beschwerden können individuell sehr verschiedene Ursachen haben, müssen genau untersucht und gezielt behandelt werden. Insbesondere wenn schon ein längerer Leidensweg hinter einem Patienten liegt, ist es umso wichtiger, die Beschwerden durch einen genau passenden und trotzdem ausgeglichenen Speiseplan rasch zu lindern.

➤ Kleines Allergie-Lexikon

➤ **Allergie:** krank machende Immunreaktion ausgelöst durch an sich harmlose Substanzen, so genannte Allergene

➤ **Antikörper:** Abwehrstoffe des Immunsystems gegen körperfremde Eiweiße

➤ **Biogene Amine:** Stoffwechselprodukte, die der Körper selbst bildet oder mit der Nahrung aufnimmt, können Kopfschmerzen, Übelkeit oder Durchfall auslösen → Histamin

➤ **Gluten:** Klebereiweiß in Weizen, Roggen, Gerste, Hafer. Auslöser einer → Zöliakie

➤ **Histamin:** ein → biogenes Amin, u.a. in Sauerkraut, Tomaten, Wein und Wurst. Möglicher Auslöser einer → Pseudoallergie. Außerdem setzt der Körper bei Allergien verstärkt Histamin frei.

➤ **Kasein:** Spezielles Milcheiweiß, das oft für die Milcheiweiß-Allergie verantwortlich ist. Auch in Schaf-/Ziegenmilch enthalten.

➤ **Kreuzallergie:** Allergiephänomen, bei dem eine Allergie gegen bestimmte pflanzliche Lebensmittel gekoppelt (gekreuzt) ist mit einer Allergie gegen andere Stoffe, z.B. Äpfel und Birkenpollen

➤ **Laktoseintoleranz** (Milchzuckerunverträglichkeit): Mangel am Enzym Laktase, das Milchzucker spaltet; führt nach Genuss von Milchprodukten zu Durchfällen

➤ **Pseudoallergie:** Lebensmittel-Intoleranz mit üblichen Allergie-Symptomen, aber ohne Bildung von Antikörpern.

➤ **Zöliakie,** auch Sprue genannt: Schädigung der Darmschleimhaut durch → Gluten mit schweren Durchfällen und Wachstumsstörungen bei Kindern.

➤ **Zusatzstoffe:** Lebensmitteln zugesetzte Substanzen. Insbesondere Farbstoffe wie Tartrazin oder Konservierungsstoffe wie Benzoesäure. Auslöser von → Pseudoallergien. Etwa 0,2 Prozent der Bevölkerung reagieren auf Zusatzstoffe allergisch.

Warum Birkenpollen eine Apfelallergie auslösen können

Stellt man sich Allergieauslöser als Schlüssel vor, zu dem das Immunsystem die passenden Schlösser, also die Antikörper, besitzt, dann gibt es auch hier Generalschlösser, in die unterschiedliche Schlüssel passen. Ein Beispiel: Wer gegen Birkenpollen eine Allergie entwickelt, also seine Abwehr ein spezielles »Birkenpollen-Schloss« baut, bei dem löst auch der Biss in einen Apfel öfter einen Großalarm der Immunfeuerwehr aus. Der Experte spricht von einer Kreuzallergie. Da sich die Allergieauslöser von Birkenpollen und Apfel sehr ähneln, passt auch der Allergieauslöser Apfel ins Birkenpollen-Schloss und provoziert Beschwerden.

Solche Kreuzallergien sind keine Seltenheit, denn das Immunsystem stellt öfter Immunschlösser her, in die verschiedene Schlüssel passen. Die Tabelle gibt einen Überblick über die wichtigsten Kreuzallergien. Damit versteht z. B. ein Birkenpollenallergiker, warum er plötzlich auch im Winter einen Hautausschlag bekommt: Schuld daran sind die Mandeln, verborgen in Weihnachtsplätzchen und Marzipan!

Primäre Allergie	Mögliche Kreuzallergie mit Nahrungsmittel
› Beifuß	› Sellerie, Möhre, Paprika, Kiwi, Gurke, Tomaten, Melone, Mango, Kiwi, Apfel, viele Gewürze
› Birkenpollen	› Mandel, Möhre, Sellerie, Haselnuss, Kernobst, Steinobst, Brombeere, Himbeere, Erdbeere
› Erdnüsse	› Hülsenfrüchte
› Getreidepollen	› Getreide, Soja, Erdnuss
› Hausstaubmilbe	› Meeresfrüchte
› Nüsse und Samen	› viele andere Nüsse und Samen
› Sellerie	› Möhre, viele Gewürze

Lebensmittelallergien
besser verstehen –
diese Fragen habe ich noch

Sind Lebensmittelallergien erblich bedingt?

Erbfaktoren können festlegen, dass es eine Veranlagung für Allergien gibt. Leidet ein Elternteil unter einer Nahrungsmittelallergie, steigt das Risiko schon um das Doppelte, auch daran zu erkranken. Sind sogar beide Elternteile von einer Lebensmittelallergie betroffen, steigt das Risiko um das Sechsfache an. Doch damit es zu einer Lebensmittelallergie kommt, braucht es natürlich auch den jeweiligen Allergieauslöser.

Bleibt eine Lebensmittelallergie ein Leben lang bestehen?

Leiden Kleinkinder an einer Nahrungsmittelallergie, verliert sich die Unverträglichkeit bei etwa 90 Prozent aller Kinder noch vor dem neunten Lebensjahr. Treten hingegen Allergien im Erwachsenenalter auf, sind sie zumindest bei schweren Allergien oft ein Leben lang vorhanden. Wurden bei einer leichteren Allergie die Auslöser einige Jahre gemieden, kommt es vor, dass sich die Allergie zurückgebildet hat. Deshalb lohnt sich nach einigen Jahren ein erneuter Allergietest.

Hat die Psyche einen Einfluß auf die Schwere einer Lebensmittelallergie?

Gerade Lebensmittelallergien haben ihren Ursprung im Magen-Darm-Bereich, dort, wo die Allergene einen direkten Kontakt zum Körper eingehen. Und gerade die Verdauungsorgane reagieren besonders sensibel auf die Psyche. Daher lässt sich oft feststellen, dass beispielsweise bei Stress, Ängsten oder Veränderungen im Alltag Allergien häufiger oder heftiger auftreten. Diese Allergiebeschwerden steigern noch den Stress, sodass schnell ein Teufelskreis entsteht.

Nehmen Nahrungsmittelallergien zu?

Genauso wenig wie wir sichere Angaben über die Häufigkeit von Nahrungsmittelallergien besitzen, sind Zahlen bekannt, die belegen, dass die Allergien auf Lebensmittel zunehmen. Weil das Angebot an unterschiedlichen Lebensmitteln jedoch immer größer wird, ist davon auszugehen, dass auch die Zahl der dadurch bedingten Allergieerkrankungen steigt. Außerdem werden immer öfter Allergietests durchgeführt, was ebenfalls zu einem – scheinbaren – Anstieg von Lebensmittelallergien führt.

Kann eine gezielte Ernährung einer Nahrungsmittelallergie vorbeugen?

Nur wer beispielsweise durch eine Lebensmittelallergie seiner Eltern vorgewarnt ist, weil er über die Gene ein höheres Risiko für eine bestimmte Nahrungsmittelallergie oder -unverträglichkeit geerbt hat, kann diese bekannten Allergieauslöser gezielt vom Speiseplan verbannen. Allen anderen könnte ein vorsorglicher Verzicht auf einzelne Lebensmittel sogar eher schaden. Denn damit wächst die Gefahr, nicht ausreichend mit Nährstoffen versorgt zu sein und den Körper so zu schwächen.

Gibt es Medikamente gegen eine Nahrungsmittelallergie?

Leider können nur die Allergiebeschwerden durch Medikamente gemildert werden. Verschreibt der Arzt sogenannte Antihistaminika, so docken diese Substanzen auf Körperzellen genau dort an, wo der »Allergiekatalysator« Histamin seine Bindungsstelle hat. Dadurch kann das Histamin nicht mehr wirken und die Symptome bleiben aus. Andere Medikamente, die Mastzellstabilisatoren, stärken die Zellwand der histaminhaltigen Mastzellen, so dass kein Histamin ausgestoßen wird.

Können schon Kleinkinder vor späteren Allergien geschützt werden?

Das Stillen von Säuglingen bildet den besten Schutz vor Nahrungsmittelallergien. Studien zeigen, dass Kinder, die bis zum sechsten Monat gestillt werden, in ihrem Leben ein geringeres Allergierisiko haben als Kinder, die Fertignahrung bekommen. Außerdem raten Experten, häufige Allergieauslöser wie Kuhmilch, Eier, Fisch oder Nüsse frühestens ab dem zweiten Lebensjahr zu füttern.

Gehören Allergien zu den modernen Zivilisationserkrankungen?

Sicher nicht, denn bereits die großen Ärzte der Antike wie Hippokrates (400 v. Chr.) und Galen (200 n. Chr.) beschrieben typische Reaktionen einer Nahrungsmittelunverträglichkeit. Und bereits vor 400 Jahren wurde von bestimmten Nahrungsmittelallergien beispielsweise auf Früchte, Gewürze, Kuhmilch und Hühnereiern berichtet – auch wenn damals noch niemand die Hintergründe einer solchen Allergie kannte.

Warum reagiert der Körper bei einer Nahrungsmittelunverträglichkeit nicht immer gleich?

Die Körperreaktion auf ein Allergen fällt unterschiedlich aus. Je nachdem, wo das Allergen auf die Antikörper stößt, kommt es zu Durchfall, Asthma oder Schnupfen. Darüber hinaus bildet die Abwehr verschiedene Antikörper: Die bei einer Nahrungsmittelallergie oft auftretenden IgE (Immunglobin E)-Antikörper rebellieren innerhalb von 20 bis 30 Minuten nach dem Antigen-Kontakt. Bildet der Körper aber IgG-Antikörper, so verzögert sich die Allergie um bis zu drei Tage.

Fahndung
nach dem Auslöser –
wie finde ich den Übeltäter?

Den Auslöser für eine Allergie oder allergieähnliche Beschwerden zu finden, ist manchmal echte Detektivarbeit! Nicht immer treten Symptome direkt nach einer Mahlzeit auf, sondern teilweise erst Stunden oder Tage später. Es bedarf schon einigen Fachwissens und Erfahrung, um sie dem richtigen Auslöser zuzuordnen.

Ernährungstagebuch: Durchleuchten Sie Ihren Speiseplan

Einen ersten wichtigen Anhaltspunkt bekommen Sie über ein Ernährungstagebuch, in dem Sie genau notieren, was Sie wann getrunken und gegessen haben. Es ist wichtig, dass Sie dabei keinen einzigen Bissen vergessen und das Lebensmittel so genau wie möglich beschreiben. Handelt es sich zum Beispiel um ein Sauerteigbrot oder ein Hefebrot? Womit ist das Brötchen genau belegt und woraus besteht der Salat? Selbst der Teelöffel gehackte Walnüsse muss notiert werden. Seien Sie so genau wie möglich. Lassen Sie auf keinen Fall Lebensmittel unter den Tisch fallen, auch wenn Sie vermuten, sie könnten keine Allergie auslösen. In einer weiteren Zeile Ihres Ernährungstagebuches notieren Sie, wann welche Beschwerden auftauchen und wann sie wieder abgeklungen sind. All das bietet dem Arzt eine gute Grundlage für weitere Untersuchungen. Eine Vorlage für ein Ernährungstagebuch finden Sie unter www.aid.de/downloads/allergie_tagebuch.pdf.

Suche nach dem Antikörper: Gezielter Test beim Arzt

Aufgrund Ihres Ernährungstagebuches wird der Arzt bestimmte Nahrungsmittelallergene gezielt unter die Lupe nehmen und testen, ob Ihr Körper darauf reagiert. In aller Regel macht er einen Hauttest. Dabei bringt er Testallergene oder auch den Saft des frisch angeschnittenen Lebensmittels durch Reiben auf oder in die Haut (Reibtest oder Prick-Test). Reagiert das Immunsystem mit Rötungen und Quaddeln, besitzt der Körper zumindest Antikörper gegen das Allergen. Das heißt aber nicht, dass es dadurch schon zu Beschwerden kommt. Neben dem Hauttest können die für eine echte Allergie notwendigen Antikörper (IgE) auch direkt im Blut bestimmt werden (RAST-Test). Daneben existieren viele weitere Testmethoden, die jedoch wissenschaftlichen Qualitätskriterien nicht immer standhalten (siehe Tabelle rechts).

Verdächtiges meiden

Auch der beste Test weist keine Allergie nach. Er zeigt nur an, dass der Körper gegen bestimmte Lebensmittelsubstanzen Antikörper bildet. Oft findet solch ein Test gleich mehrere mögliche Allergene. Sicher nachweisen lässt sich der Verursacher der Beschwerden jedoch nur mit Hilfe diagnostischer Diäten und Provokationstests. Stehen Lebensmittel im konkreten Verdacht, eine Allergie auszulösen, hilft eine Auslass-

➤ Allergietests im Überblick

Name	Handhabung	Beurteilung
Reibtest	Frische Lebensmittel werden auf der Haut verrieben	Nur Allergene, auf die der Körper sehr stark reagiert, werden entdeckt
Prick-Test	Vorgefertigte Allergenlösungen werden auf die Haut aufgebracht, die danach kurz angestochen wird	schwache Allergene werden zu selten entdeckt
Scratch-Test	Frische Lebensmittel werden auf eine zuvor angeritzte Hautstelle aufgebracht	Von allen Tests, bei denen die Haut nur angeritzt wird, der beste. Schwache Allergene werden zu selten entdeckt
Intrakutan-Test	Vorgefertigte Allergenlösungen werden an unterschiedlichen Stellen unter die Haut gespritzt	Weit zuverlässiger als die Test auf der Haut
RAST-Test, FEIA-Test, EIA-Test	Antikörper (IgE)-Bestimmung aus dem Blut	Nur als Nachweis von Antikörpern geeignet, macht aber keine Aussage, ob diese Antikörper zu Allergiesymptomen führen. Reicht alleine nicht aus
IgG4-Test oder IgG-Test	Antikörper (IgG4)-Bestimmung aus dem Blut	Sehr umstrittener Test auf spezielle Antikörper, häufige Fehldiagnosen möglich
Lymphozyten-Transforma-tions-Test	Bestimmung spezieller Zellen aus dem Blut, die an seltenen Nahrungs-mittelallergien, aber auch an anderen Erkrankungen, beteiligt sind	Sehr umstrittener Test, häufige Fehl-diagnosen möglich

Auslöser von Pseudoallergien oder auch von anderen nichtallergischen Unverträglichkeits-reaktionen reagieren nicht auf diese Allergietests. Sie lassen sich vor allem durch eine Such-diät überführen.

oder Eliminationsdiät. Dabei werden sämtliche verdächtigen Nahrungsmittel vorerst vom Speiseplan verbannt. Daraufhin muss der Patient beschwerdefrei werden. Dann wird nach und nach ein verdächtiges Lebensmittel nach dem anderen beim sogenannten Provokationstest wieder in das Speiseangebot aufgenommen. Gehört ein Lebensmittel zu den Allergieauslösern, provoziert man damit das Abwehrsystem, das dann durch die typischen Allergiesymptome den Schuldigen entlarvt.

Lassen sich keine Lebensmittel gezielt ausschließen, setzt man eine allergenarme Basisdiät ein aus Kartoffeln, Reis und Blattsalaten, alles ohne weitere Zutaten. Diese Basisdiät soll nur etwa zehn Tage dauern und alle Allergiebeschwerden verschwinden lassen. Dann beginnt die Suchdiät, bei der nach und nach immer nur ein Lebensmittel der Diät zugefügt wird, um festzustellen, ob es ein Allergieauslöser ist. Solche Diättests gehören immer unter die Aufsicht eines erfahrenen Arztes.

Clever einkaufen –
die Zutatenlisten
richtig lesen

Aufs Kleingedruckte achten

Nach der neuen Kennzeichnungsverordnung müssen die zwölf wichtigsten Auslöser von Lebensmittelallergien und Unverträglichkeiten auf der Verpackung von Lebensmitteln angegeben werden – ganz gleich in welch geringer Konzentration sie enthalten sind. Gut so, denn immerhin können auch Kleinstmengen eine Allergie zum Aufkochen bringen.

Nahrungsmittelallergiker sollten also diese Hinweise beachten und das Verzeichnis der Inhaltsstoffe genau durchforsten. In der Tabelle auf Seite 15 finden Sie diese zwölf kennzeichnungspflichtigen Substanzgruppen aufgelistet. Und in der hinteren Buchklappe können Sie nachlesen, in welchen Lebensmitteln sie sich noch verbergen können und wie Sie diese Lebensmittel am besten austauschen. Zudem erfahren Sie, wie Sie mögliche Verluste an Vitaminen und Mineralstoffen ausgleichen, die beim Weglassen bestimmter Grundnahrungsmittel wie Milch- oder Getreideprodukte entstehen.

Auch wer unter einer anderen als der dort aufgelisteten zwölf Allergien leidet, profitiert von der neuen Kennzeichnungsregel. Früher fehlten genaue Angaben zu zusammengesetzten Zutaten, wenn sie weniger als 25 Prozent des Lebensmittels ausmachten. Dazu gehörten Fruchtzubereitungen im Joghurt, Schokoladenmassen in Keksen oder auch die Wurst im Eintopf. Kiwi-allergiker konnten also keine Creme mit Fruchtzubereitung gefahrlos genießen, weil sie nicht wussten, ob darin Kiwianteile verborgen sind. Und eine Allergie gegen Möhre schloss alle Lebensmittel aus, die in ihrer Zutatenliste eine Gemüsemischung nannten.

Heute muss die Zusammensetzung dieser Mixturen einzeln aufgeführt werden. Es gibt allerdings einige Ausnahmen von diesen neuen Kennzeichnungsregeln.

➤ Ausnahmen von der Kennzeichnungsregel

Die genaue Zusammensetzung muss nicht angegeben werden:

- auf sehr kleinen Verpackungen, zum Beispiel den Marmeladen, die jeder vom Hotelfrühstück her kennt
- auf unverpackten Lebensmitteln, die beispielsweise an Fleisch- oder Käsetheke oder auf Wochenmärkten verkauft werden
- in Restaurants und Kantinen
- für Gewürzmischungen, Konfitüren, Schokoladenprodukte, Fruchtsäfte und -nektare, die weniger als 2 Prozent des Lebensmittels ausmachen – außer es handelt sich um einen der zwölf wichtigsten Allergieauslöser (siehe Tabelle Seite 15).

Oft finden sich auf der Verpackung auch Aussagen wie »kann Spuren von Erdnusseiweiß enthalten«. Damit wollen sich die Hersteller absichern. Immerhin könnten versehentlich Reste von Substanzen, die zur gleichen Zeit oder kurz hintereinander in der gleichen Halle oder mit den gleichen Anlagen produziert wurden, übertragen werden. Und diese geringen Mengen reichen bei starken Allergien für heftige Abwehrreaktionen aus. Letztendlich muss jeder bei solchen Hinweisen selbst entscheiden, ob er das Risiko eingeht, ein Lebensmittel, das noch »Spuren eines Allergens« enthalten kann, zu genießen.

Äpfel – Die Sorte macht den Unterschied

Gute Nachricht für Apfelallergiker: Wer die beliebteste Frucht der Deutschen nicht verträgt, hat eventuell nur die falsche Apfelsorte erwischt. Denn die Wahl zwischen Jonagold, Boskoop oder Golden Delicious entscheidet oft darüber, ob der Apfel vertragen wird.
Unter der Schale verbergen sich je nach Sorte die verschiedensten Allergieauslöser. Dabei machen Boskoop, Jamba, Jonathan, Gravensteiner oder Berlepsch selten Probleme, während Cox Orange, Granny Smith, Golden Delicious, Jonagold und Braeburn öfter für brennende Lippen, Mundjucken oder eine verstopfte Nase verantwortlich sind. Das Apfelbeispiel zeigt deutlich: Manche Allergien entstehen nur, wenn ein hoch-

> ### ➤ Die zwölf Hauptauslöser
>
> Diese wichtigsten Auslöser einer Nahrungsmittelunverträglichkeit müssen auf jedem verpackten Lebensmittel angegeben werden:
> - Eier
> - Erdnüsse
> - Fisch
> - glutenhaltiges Getreide (Weizen, Gerste, Roggen, Hafer, Dinkel, Kamut)
> - Krebstiere
> - Milch und Milchprodukte
> - Schalenfrüchte (Mandel, Haselnuss, Walnuss, Cashewnuss, Pecannuss, Paranuss, Pistazie, Macadamianuss, Queenslandnuss)
> - Schwefeldioxid und Sulfite
> - Sellerie
> - Senf
> - Sesamsamen
> - Soja und Sojaprodukte

spezifischer Auslöser in der Nahrung vorkommt. Auch wenn das Immunsystem beim Boskoop völlig cool blieb, rebelliert es beim Braeburn, weil die Sorte mit einem speziellen Allergen die Allergiereaktion anschaltet – wie ein Schlüssel, der nur in ein einziges Schloss passt.

Am häuslichen Herd –
allergiegerecht
kochen und backen

Allergene verkochen sich

Sie knabbern Möhren und die Zunge kribbelt? Sie beißen in eine Birne, und sofort brennen die Lippen? Oder Sie genießen die frische Süße einer Aprikose, und bald darauf zeigt sich ein Ausschlag? Ausgerechnet mit rohem Gemüse und Obst, immer wieder als gute Quelle für Vitalstoffe und Fitmacher empfohlen, tun sich Allergiegeplagte oft schwer. Manche probieren dann gar nicht mehr aus, ob sie auch auf eine Möhrensuppe, ein Birnenkompott oder kurz gedünstete Aprikosen allergisch reagieren. Schade, denn immer wieder zeigt sich, dass die Allergieauslöser vieler Lebensmittel sich bei höheren Temperaturen zersetzen und dann das Allergierisiko sinkt. Die meisten Allergene bestehen aus Eiweißketten, die sich bei höheren Temperaturen verändern, einige so stark, dass der Körper sie nicht mehr als angeblich gefährlichen Fremdstoff erkennt und völlig gelassen damit umgeht. Eine gute Nachricht für alle, die auf Rohkost mit Beschwerden reagieren. Kurz erhitzen – und in vielen Fällen kommt das Immunsystem problemlos damit zurecht. Und keine Angst: Der kurze Hitzestoß macht den Mineralstoffen gar nichts aus und zerstört lediglich einen kleinen Vitaminanteil. Bei Möhren erhöht er sogar die Vitaminausbeute. Die harten Zellen des Rohgemüses brechen erst auf, wenn sie erhitzt werden und geben erst dadurch ihr wertvolles Provitamin A frei.

Allergene einfach abschälen

Manche machen beim Apfel die Spritzmittel für ihre Allergiebeschwerden verantwortlich. Wenn sie den Apfel schälen und damit die Rückstände entfernen, bleiben die Allergiesymptome aus. Aber falsch gedacht: Spritzmittel erzeugen keine Allergien. Was beim Schälen entfernt wird, sind die Allergene des Apfels. Sie konzentrieren sich in und direkt unter der Schale, sodass ein geschälter Apfel für manchen Apfelallergiker weit besser verträglich ist als ein ungeschälter oder sogar gar keine Probleme verursacht. Auch Menschen, die mit Sodbrennen und geschwollenen Schleimhäuten auf Paprikagerichte reagieren, berichten, dass diese Beschwerden nicht auftauchen, wenn Sie die Früchte schälen. Was für manche Obst- und Gemüsesorten gilt, trifft auch fürs Getreide zu. Weil Vollkornmehl das ganze Korn samt Schale enthält, ist es nicht nur reicher an Ballaststoffen, Vitaminen und Mineralstoffen, sondern auch an möglichen Allergieauslösern. Daher kann es für einige gesünder sein, helle Brotsorten, Weißmehl und geschälten Reis den vitalstoffreichen Vollkornvarianten vorzuziehen.

Langes Lagern oder Marinieren steigert Histamingehalt

Beim Lagern bilden sich im Lebensmittel Abbauprodukte, weit bevor das Lebensmittel verdorben und reif für den Mülleimer ist. Zu diesen

➤ Vorsicht, Histamingefahr

Histamin ist genau die Substanz, die bei einer Allergie von Immunzellen ausgestoßen wird und die Reaktionskaskade ins Laufen bringt, die zu all den Allergiebeschwerden führt. Findet sich dieses Histamin allerdings in der Nahrung, so löst es keine Allergie aus, da es nicht ins Blut gelangt und der Körper auch keine Antikörper dagegen bildet. Trotzdem kann Histamin erhebliche Unverträglichkeitsreaktionen auslösen. Baut der Organismus das Histamin nicht schnell genug ab, weil die dafür notwendigen Enzyme zu langsam arbeiten, kommt es zu den üblichen Allergiesymptomen, auch wenn es sich nicht um eine Allergie handelt.

In einer Reihe von Lebensmitteln werden regelmäßig hohe Histamingehalte gemessen. Dazu gehören:

> Bananen (besonders hohe Gehalte an histaminähnlichen, biogenen Aminen)
> gelagertes Fleisch, besonders gepökeltes oder geräuchertes Fleisch
> lange gereifter Käse
> milchsauer eingelegtes Gemüse (z. B. Sauerkraut)
> verarbeitete Fischprodukte
> Weiß- und Rotweine

Abbausubstanzen zählt das Histamin, das bei einigen Menschen zu starken, allergieähnlichen Unverträglichkeitsreaktionen führt, auch wenn es sich nicht um eine Allergie handelt (siehe Kasten). So lässt sich in frischen oder tiefgekühlten Fischen fast kein Histamin nachweisen, während gelagerter Fisch beispielsweise in der Dose zum Teil sehr hohe Werte erreicht. Genauso finden sich in lange gereiften Käsesorten, eingelegtem Sauerkraut, gesäuertem Fisch, alten Weinen sowie in Geräuchertem und Gepökeltem Histamin-Spitzenwerte. Wer sie nicht verträgt, meidet alles, was lange gelagert wird. Selbst das Marinieren eines Bratens über Nacht lässt die Histaminwerte ansteigen. Deshalb besser auf den eingelegten Sauerbraten, den selbst marinierten Bismarckhering oder einen gebeizten Lachs verzichten.

Nickel in Töpfen und Pfannen

Eine Nickelallergie entwickelt sich meist als sogenannte Kontaktallergie, wenn beispielsweise Gürtelschnallen, Schmuck oder Brillengestelle Nickel enthalten, das dann durch den direkten Hautkontakt zu Rötungen und Pusteln führt. Bei einer ausgeprägten Empfindlichkeit gegenüber diesem Schwermetall muss auch auf den Nickelgehalt in der Nahrung geachtet werden. Besonders Edelstahlpfannen und -töpfe sowie Wasserkocher können Nickel abgeben. Ohne spezielle Unverträglichkeit stellen diese Nickelwerte kein Risiko dar. Allergiker sollten jedoch insbesondere beim Garen säurereicher Lebensmittel, beispielsweise Rhabarber oder Sauerkraut, vorsichtig sein. Hier löst sich besonders viel Nickel aus dem Edelstahltopf. Hohe Werte konnten Lebensmittelchemiker auch immer dann messen, wenn das Tee- oder Kaffeewasser mit dem Tauchsieder erhitzt wird oder in einem Wasserkocher, dessen Heizspirale direkt ins Wasser ragt. Eine natürliche Kalkschicht, die sich insbesondere bei hartem Leitungswasser bildet, verhindert den Nickelaustritt zwar auf ganz natürliche Art. Doch beim Entkalken riskiert man enorm hohe Nickelwerte. Deshalb danach mehrmals Wasser aufkochen und weggießen. Oder aber einen Wasserkocher benutzen, bei dem die Heizspirale abgedeckt ist und gar nicht mit dem Wasser in Berührung kommt.

Essen außer Haus –
Allergiefallen
sicher erkennen

Problemfall Kantine

Wenn die Kollegen sich mittags genüsslich in der Kantine Suppe, Schnitzel und Sahnequark schmecken lassen, beginnt für Allergiker der Stress: »Was kann ich essen, ohne einen Allergieschub fürchten zu müssen.« Einige wissen genau, worauf sie allergisch reagieren und umschiffen gezielt fragliche Gerichte: Vielleicht enthält die Suppe eine Gewürzzubereitung mit Sellerie, also besser einen frischen Blattsalat ohne Dressing wählen, den man selbst mit Öl und Essig würzen kann. Andere hingegen wissen noch gar nicht genau, wo die Allergiegefahr auf sie lauert und der dritte Allergikertypus hat gleich eine ganze Liste von Unverträglichkeiten. Bleiben also nur Lebensmittel übrig, die von fast allen anstandslos vertragen werden. Dazu zählen neben einem Blattsalat auch Oliven- oder Rapsöl, Kartoffeln und Fleisch sowie Spargel, Kohlgemüse, Spinat und Zucchini. Auch können Sie viele Gerichte aus diesem Buch mit in die Arbeit nehmen. Falls dort eine Mikrowelle bereit steht, kochen Sie Ihr Mittagessen am Abend vor, sodass Sie es am nächsten Tag nur noch aufwärmen müssen. Und wer abends weder Zeit noch Lust zum Vorkochen hat, sollte mit der Kantine klären, welche Mischungen, Zusätze und vorgefertigten Produkte sie verwendet. So lässt sich besser beurteilen, wann Sie mit ihren Kollegen den Mittagstisch teilen und wann Sie den Kantinenbesuch besser umgehen sollten.

➤ Das »China-Restaurant-Syndrom«

Nach Besuchen von China-Restaurants wurden in den USA häufig Allergiesymptome festgestellt, die als »China-Restaurant-Syndrom« durch die Presse gingen. Dabei handelt es sich nicht um eine Allergie, sondern um eine Unverträglichkeit. Als Auslöser geriet schnell der in der Asia-Küche oft verwendete Geschmacksverstärker Glutamat unter Verdacht. Längst führten wissenschaftliche Studien zum Freispruch für diesen auch hierzulande gebräuchlichen Zusatzstoff. Vermutlich beruht das China-Restaurant-Syndrom auf anderen Inhaltsstoffen wie Histamin. Und weil die Beschwerden nicht nur nach dem Besuch von China-Restaurants auftreten können, sollte man sie – political correct – besser nur als »Restaurant-Syndrom« bezeichnen.

Bestellen im Restaurant

In aller Regel bietet die Speisekarte eines Restaurants weit mehr Auswahl als die Kantine. Doch auch hier kommen viele Allergiker meist um einige Fragen und Bitten nicht herum. Je nach Allergie muss geklärt werden, was sich in der Salatsauce verbirgt, ob über den Salat

➤ Dos and Don'ts im Restaurant

Dos

- ☺ Vor einem geplanten Restaurantbesuch anrufen, Allergieproblem nennen und mögliche Speisen abklären
- ☺ Einfache Speisen bestellen, die sich aus wenigen verschiedenen Komponenten zusammensetzen
- ☺ Saucen immer separat in einem Kännchen oder einer kleinen Terrine bestellen
- ☺ Nach Möglichkeit den Restaurantbesuch etwas außerhalb der Hauptessenzeiten planen, damit Küche und Service mehr Zeit haben, auf eventuelle Wünsche einzugehen
- ☺ Fehlen sowohl geeignete Speisen auf der Karte als auch Verständnis beim Service bzw. Koch, das Lokal verlassen, bevor Sie eine allergische Reaktion riskieren

Don'ts

- ☹ Offene Büffets, bei denen niemand für Nachfragen bereit steht und bei denen Schöpflöffel oder Vorlegegabel für unterschiedliche Speisen verwendet werden
- ☹ Asia-Restaurants bei Unverträglichkeiten gegenüber Sojaprodukten oder Nüssen, die in asiatischen Restaurants oft verwendet werden
- ☹ Alkohol, da er die Allergieneigung verstärkt – besser Wasser oder alkoholfreies Bier bestellen
- ☹ Riesige Auswahl auf der Speisekarte, deutet auf zahlreiche Fertigprodukte hin mit entsprechend vielen, möglicherweise unverträglichen Inhaltsstoffen
- ☹ Ihre Allergieprobleme zum Tischgespräch machen

Nüsse oder Samen gestreut werden, ob Sojasauce zum Aroma der Bratensauce beiträgt oder auch, ob das Sorbet mit Ei hergestellt wurde. Mit solchen Fragen erntet man nicht immer die volle Sympathie des Obers. Wenn Sie keine überzeugende Antwort bekommen, gehen Sie lieber auf Nummer sicher. Also einen Blattsalat ohne Dressing plus zwei kleinen Fläschchen mit Essig und Öl bestellen. Als Hauptgericht bietet sich ein natur gebratenes Schnitzel oder Steak an. Ohne Sauce, dafür aber mit Salzkartoffeln oder Reis, der nur in Wasser und nicht in einer Brühe gegart wurde. Dazu je nach Saison Zucchini, Rosenkohl oder Spargel. Als Dessert darf es dann ein Zitronensorbet (klassisch ohne Ei) sein. Mit freundlich gestellten Fragen und etwas Verständnis beim Service und in der Küche braucht kein Allergiker bei einem Restaurantbesuch zu befürchten, das Lokal entweder hungrig oder mit einer Allergieattacke zu verlassen.

Wie sag ich's meinem Gastgeber?

Sie sind zum Essen eingeladen? Vermutlich rufen Sie ohnehin an, um sich zu bedanken und Ihr Kommen zu bestätigen. Dann können Sie gleich von Ihren Problemen mit einzelnen Lebensmitteln berichten. Denn nichts ist für einen Gastgeber schlimmer, als erst am Abend selbst festzustellen, dass beispielsweise wegen einer Histaminunverträglichkeit die Vorspeise mit Räucherlachs genauso wenig genossen werden kann wie der Sauerbraten. Dann noch schnell eine Alternative anzubieten, gelingt selten und erzeugt Stress. Besser vorweg abklären, dass ein kleines Stück Lachsfilet und statt des Rollbratens ein Minutensteak ideal wäre. Sagen Sie bitte auch bereits im Vorfeld, ob Sie Wein trinken werden. Auch hier lässt sich ein Ersatz in Form alkoholfreier Weine und Sektsorten finden. Oder Sie tun es den verantwortungsvollen Autofahrern gleich und bleiben beim Wasser.

So einfach geht's –
allergiebewusst
essen und trinken

Soll ich bei einer Allergie Zucker besser weglassen?

Zucker wird nur dann zum kritischen Lebensmittel, wenn dem Körper die Enzyme fehlen, um ihn abzubauen. Bekannt ist die Milchzuckerunverträglichkeit. Ähnliche Unverträglichkeiten gibt es auch bei Fruchtzucker und weit seltener beim üblichen Haushaltszucker. In solchen Fällen muss nicht nur der Zucker gemieden werden, sondern auch sämtliche damit gesüßten Produkte sowie Lebensmittel wie Bananen, Mangos oder junge Möhren, die ebenfalls Zucker enthalten.

Sind Bio-Lebensmittel bei einer Allergie zu bevorzugen?

Bio-Lebensmittel bergen die gleichen Allergiegefahren wie konventionell erzeugte Lebensmittel. Häufig wird berichtet, dass Bioäpfel seltener Allergien auslösen. Ursache für dieses Phänomen sind vermutlich die verschiedenen Apfelsorten. Beim Anbau von Bioäpfeln bevorzugt man alte widerstandsfähige Sorten, die im Unterschied zu vielen neuen Apfelsorten in aller Regel weniger Allergene enthalten – ganz gleich ob sie als Bioapfel ohne Agrarchemie oder ganz konventionell mit Spritzmitteln behandelt werden.

Hilft das Ausweichen auf Ziegenmilch bei einer Kuhmilchallergie?

Verschiedene Milcheiweiße können zu einer Allergie führen. Einige von diesen Allergenen kommen auch in Ziegen- und Schafmilch vor. Sollten sie die Auslöser der Milcheiweißallergie sein, führt die Umstellung auf Ziegenmilch zu keinem Erfolg. Eine echte und sichere Alternative zur Kuhmilch ist nur die Reismilch (häufig als Reisdrink im Handel). Und bevor Sie Soja- oder Mandelmilch anstelle von Milch verwenden, klären Sie genau ab, ob Ihre Abwehr nicht auch diese häufigen Allergieauslöser heftig attackiert.

Ist Kaffee erlaubt?

Viele reagieren auf Kaffee mit erhöhtem Blutdruck, steigendem Puls oder Unruhe. Doch das sind keine Kennzeichen einer Allergie, sondern bekannte Folgen des Koffeingenusses. Kaffee selbst löst keinerlei Allergien aus. Wer den Kaffee mit Milch trinkt und sich daraufhin Allergiesymptome zeigen, sollte mit dem Arzt abklären, ob vielleicht eine Milcheiweißallergie dahintersteckt. Dafür reichen schon kleinste Milchmengen aus.

Können Lebensmittel die Allergiebereitschaft fördern oder verringern?

Man weiß, dass beispielsweise Alkohol Allergiebeschwerden verschlimmern kann. Allergiker sollten daher zum Essen keinen Alkohol trinken. Doch es gibt auch Allergiebremser in der Ernährung. Omega-3-Fettsäuren dienen als Bausubstanz für entzündungshemmende Reglerstoffe, die Allergiebeschwerden drosseln können. Diese hochgesunden Fettsäuren finden sich vor allem in Fettfischen, Lein- und Walnussöl – und sind somit leider für manchen Allergiker tabu.

Wie soll ich einen allergiegeplagten Säugling ernähren?

Babys mit Allergiesymptomen gehören in die Praxis eines erfahrenen Mediziners mit allergologischer Zusatzausbildung. Mit ihm entwickeln die Eltern ein Diätkonzept. Sollte das Stillen nicht möglich sein, wird der Säugling meist mit Hydrolysaten, also mehr oder weniger stark aufgespaltenen Eiweißstoffen, ernährt. Danach setzt die Breikost ein. Bei Gläschen solche bevorzugen, die nur wenige Grundzutaten enthalten, denn je geringer die Zahl der Lebensmittel, desto kleiner das Allergierisiko.

Welches Mehl verwende ich zum Backen bei Glutenunverträglichkeit?

Wenn die glutenhaltigen Weizen- oder Roggenmehle als ideale Backgetreidesorten ausscheiden, können Sie im Supermarkt oder Reformhaus nach glutenfreien Backmischungen fragen. Gute Backergebnisse erzielen Sie mit einer Mischung aus Kartoffelstärke, Mais- und Reismehl. Und oft bieten Reformhäuser auch das nährstoffreiche Teffmehl aus Zwerghirse an. Zusammen mit Buchweizenmehl und Maisstärke können Sie daraus Teige für leckere Brote und Kuchen kneten.

Gibt es für Ei-Allergiker einen Ersatz für Hühnereier?

Reformhäuser und Apotheken bieten Ei-Ersatzprodukte an. Diese Pulver aus Sojabestandteilen (Achtung bei Sojaallergie!) oder einem Mix aus Maisstärke, Lupinenmehl und Pflanzenfetten werden gemäß Packungsanweisung mit etwas Wasser in den Teig gegeben. Wer auf Soja nicht allergisch reagiert, kann pro Ei auch 1 gehäuften Esslöffel Sojamehl und 2 Esslöffel Wasser in den Teig rühren. Und für die gelbe Farbe sorgt eine kleine Prise Safranpulver.

Welche Milchprodukte sind bei einer Milchzuckerunverträglichkeit erlaubt?

Es hängt vom Grad der Unverträglichkeit ab, was erlaubt ist und was nicht. Oft machen laktosearme Milchprodukte kaum oder gar keine Probleme. Dazu zählen Joghurt und andere Sauermilcherzeugnisse, reifer Schnittkäse und Butter. Mittlerweile führt jeder Supermarkt auch viele milchzuckerfreie Milchprodukte. Neben Milch gibt es jetzt bereits Joghurt, Quark, Frischkäse, Pudding, Schokomilch, Schmand und Sahne.

Mit Genuss allergenarm
kochen, backen
und genießen

Eier, Mehl, Nüsse und Soja sowie acht weitere Lebensmittelgruppen müssen als Hauptauslöser von Allergien und Unverträglichkeiten auf jedem Lebensmittel gekennzeichnet sein. Doch nach leckeren, modernen Rezepten, die gänzlich frei von diesen zwölf Problemlebensmitteln sind, sucht man als Allergiker oft vergeblich.

Damit ist jetzt Schluss. Auf den folgenden Seiten finden Sie fast 100 moderne Rezeptideen – vom Frühstücksmüsli bis zur Apfeltorte. Alle sind alltagstauglich und stehen für eine leichte, unkomplizierte Küche. Dabei sind unsere Vorschläge überaus lecker, mit gesunden, abwechslungsreichen Zutaten und vielen Varianten. Da macht spontanes Kochen und sorgloses Genießen wieder Spaß. Die Rezepte zeigen, dass Allergien – selbst wenn sie gleich mehrere Lebensmittel betreffen – Ihre Lust am Kochen und Genießen keinesfalls einschränken müssen.

Reiswaffel-Müsli mit Ananas

FÜR 2 PERSONEN

1/4 Ananas
5 Reiswaffeln
1 Banane
150 ml Ananassaft

ZUBEREITUNG: ca. 10 Min.

1. Das Ananasviertel schälen und den Strunk entfernen. Das Fruchtfleisch in mittelgroße Würfel schneiden und in zwei Schälchen verteilen. Die Reiswaffeln zerbröseln und über die Ananaswürfel streuen.

2. Die Banane schälen und mit dem Ananassaft im Mixer oder mit dem Pürierstab sorgfältig pürieren. Das Püree über das Müsli gießen.

TIPP

Wer Gluten verträgt, kann dieses Müsli auch ruhig mit Haferflocken oder herkömmlichen Cornflakes statt mit Reiswaffeln zubereiten.

Nährwerte pro Portion:

235 kcal • 1 g Eiweiß • 0 g Fett • 51 g Kohlenhydrate

Cornflakes mit Beeren

FÜR 2 PERSONEN

300 g gemischte Beeren (frisch oder tiefgekühlt)
100 g Cornflakes (glutenfrei)
150 ml Ananassaft
150 ml Reisdrink

ZUBEREITUNG: ca. 10 Min.

1. Die Beeren behutsam waschen, trocken tupfen und putzen. Tiefgekühlte Früchte kurz in wenig Wasser bei schwacher Hitze oder in der Mikrowelle auftauen lassen. Die Beeren in zwei Schälchen verteilen.

2. Die Cornflakes über die Beeren streuen. Den Ananassaft und den Reisdrink jeweils zur Hälfte angießen und unterrühren. Sofort servieren.

TIPP

In der Regel enthalten herkömmliche Cornflakes auch Weizen – und damit auch Gluten. Bereitet Gluten keine Probleme, können Sie das Müsli mit solchen normalen Cornflakes oder auch mit Getreideflocken zubereiten. Wer hingegen auf glutenfreie Produkte achten muss, kauft Cornflakes ohne Gluten. Diese erkennen Sie am »Glutenfrei«-Siegel auf der Packung. Und wer Milch verträgt, kann den Reisdrink gegen herkömmliche Milch (1,5 % Fett) tauschen.

Nährwerte pro Portion:

265 kcal • 7 g Eiweiß • 2 g Fett • 53 g Kohlenhydrate

Bananen-Cornflakes

FÜR 2 PERSONEN

2 Äpfel
2 Päckchen Vanillezucker
100 ml Birnensaft
2 Bananen
100 ml Reisdrink
100 g Cornflakes (glutenfrei)

ZUBEREITUNG: ca. 10 Min.

1. Die Äpfel waschen, halbieren und das Kerngehäuse entfernen. Die Hälften in dünne Spalten schneiden. Den Vanillezucker in eine Pfanne streuen und bei mittlerer Hitze schmelzen lassen. Die Äpfel kurz im Vanille-Karamell bräunen. Mit Birnensaft ablöschen und zugedeckt bei schwacher Hitze kurz dünsten.

2. Die Bananen schälen. 1 Banane mit dem Reisdrink im Mixer oder mit dem Pürierstab cremig pürieren. Die zweite Banane in Scheiben schneiden.

3. Die Cornflakes, gedünsteten Apfelspalten und Bananenscheiben in zwei Schälchen verteilen. Die Bananenmilch angießen und sofort servieren.

TIPP

Häufig werden rohe Äpfel nicht gut vertragen. Leicht angedünstet bereiten sie hingegen keine Probleme. Sollten bei Ihnen jedoch auch gedünstete Äpfel Magenbeschwerden auslösen, ersetzen Sie die Apfelspalten durch Melonenstückchen. Wer Milch verträgt, kann den Reisdrink gegen normale Milch (1,5 % Fett) tauschen. Und wenn Sie Gluten vertragen, können Sie auch zu herkömmlichen Cornflakes oder Getreideflocken greifen.

Nährwerte pro Portion:

420 kcal • **6 g** Eiweiß • **2 g** Fett • **95 g** Kohlenhydrate

Kokos-Müsli

FÜR 2 PERSONEN

1 Päckchen Vanillezucker
100 g Buchweizenflocken
2 EL große Kokosflocken
100 ml Apfelsaft
100 g Kokoscreme

ZUBEREITUNG: ca. 10 Min.

1. Den Vanillezucker in eine Pfanne streuen und bei mittlerer Hitze schmelzen lassen. Die Buchweizenflocken und Kokosflocken einstreuen und unter Rühren leicht anbräunen. Mit etwas Apfelsaft ablöschen, bis die Flocken sich lösen.

2. Die gerösteten Buchweizen- und Kokosflocken mit dem restlichen Apfelsaft und der Kokoscreme verrühren. Das Müsli in zwei Schälchen füllen und sofort servieren.

TIPP

Wenn Gluten gut vertragen wird, können Sie die Buchweizenflocken durch andere Getreideflocken ersetzen.

Nährwerte pro Portion:

295 kcal • **7 g** Eiweiß • **10 g** Fett • **43 g** Kohlenhydrate

Süße Melonen-Brötchen

FÜR 2 PERSONEN

1/2 kleine Cantaloupe-Melone
1 Banane
Zitronensaft
1 Päckchen Vanillezucker
4 Brötchen (glutenfrei)
2 TL Margarine (ohne Soja und Milchprodukt)
200 ml Orangensaft

ZUBEREITUNG: ca. 10 Min.

1. Die Kerne aus der Melone schaben. Das Fruchtfleisch mit einem Esslöffel aus der Schale lösen und in Würfel schneiden.

Die Melonenwürfel mit einer Gabel zerdrücken und in einem Sieb abtropfen lassen. Den Saft auffangen.

2. Die Banane schälen und mit etwas Zitronensaft, Vanillezucker und dem Melonenfruchtfleisch im Mixer pürieren. Die Brötchen halbieren. Die Hälften dünn mit Margarine bestreichen und die Melonencreme darauf verteilen.

3. Den Orangensaft mit dem abgetropften Melonensaft verrühren. Den Drink zu den Melonen-Brötchen servieren.

TIPP

Wer rohes Kernobst verträgt, kann die Creme statt mit Melone mit 3 weichen Birnen zubereiten. Diese schälen, halbieren und das Kerngehäuse entfernen. Weiter wie beschrieben fortfahren. Und wenn Gluten keine Probleme bereitet, dürfen es statt der glutenfreien auch herkömmliche Brötchen sein.

Nährwerte pro Portion:

500 kcal • 12 g Eiweiß • 7 g Fett • 102 g Kohlenhydrate

Fruchtige Schinkenschnitten

FÜR 2 PERSONEN

4 Scheiben Brot (glutenfrei)
2 TL Tomatenmark
8 dünne Scheiben Lachsschinken
4 Kiwis
Pfeffer

ZUBEREITUNG: ca. 5 Min.

1. Die Brotscheiben mit dem Tomatenmark bestreichen und mit je 2 Scheiben Lachsschinken belegen.

2. Die Kiwis schälen und in dicke Scheiben schneiden. Die Kiwischeiben auf den Lachsschinken legen und mit etwas Pfeffer bestreuen. Die Schinkenschnitten portionsweise anrichten und sofort servieren.

TIPP

Wer auf Histamin empfindlich reagiert, ersetzt den Lachsschinken besser durch gekochten Schinken. Dieser enthält deutlich weniger bis gar kein Histamin. Bestreichen Sie die Brote dann auch statt mit Tomatenmark mit hausgemachtem Paprika-Dip (siehe Seite 32).

Nährwerte pro Portion:

650 kcal • **25 g** Eiweiß • **37 g** Fett • **56 g** Kohlenhydrate

Geflügel-Sandwich

FÜR 2 PERSONEN

2 Baguettebrötchen (glutenfrei)
1/4 Salatgurke
1 EL Ajvar (Paprikapüree)
10 Stängel Rucola
2 große Tomaten
4 dünne Scheiben Putenschinken

ZUBEREITUNG: ca. 15 Min.

1. Die Brötchen längs halbieren und die Krume aus den unteren Hälften lösen. Die Gurke schälen und fein hacken. Die Würfelchen mit Ajvar und der Krume vermengen. Wieder in die unteren Brötchenhälften füllen.

2. Den Rucola waschen, trocken schütteln und die harten Stiele entfernen. Die Blätter grob hacken. Die Tomaten waschen und die Stielansätze entfernen. Die Früchte in Scheiben schneiden.

3. Die gefüllten Brötchenhälften mit Rucola, Tomatenscheiben und je 2 Scheiben Putenschinken belegen. Die Brötchendeckel auflegen und servieren.

TIPP

Wenn Sie Gluten gut vertragen, können Sie die Sandwiches ruhig mit herkömmlichen Brötchen zubereiten. Bei hoher Empfindlichkeit lösen Tomaten schnell eine Histaminreizung aus. Die Sandwiches in diesem Fall besser mit 1 kleinen in Streifen geschnittenen Paprikaschote belegen.

Nährwerte pro Portion:

305 kcal • **23 g** Eiweiß • **6 g** Fett • **41 g** Kohlenhydrate

Frühstücks-Smoothie

250 g Beeren (je nach Saison, frisch oder tiefgekühlt)
Zitronensaft
2 Päckchen Vanillezucker
200 ml Reisdrink
1 TL Kakao

ZUBEREITUNG: ca. 10 Min.

1. Die Beeren behutsam waschen, trocken tupfen und putzen. Tiefgekühlte Früchte leicht antauen lassen. Die Beeren mit wenig Zitronensaft, Vanillezucker und Reisdrink im Mixer oder mit dem Pürierstab cremig pürieren.
2. Den Drink in zwei hohe Gläser füllen und mit je 1/2 TL Kakao bestreuen. Mit Trinkhalmen servieren.

TIPP

Dieser schnelle, gehaltvolle Frühstücksdrink schmeckt auch mit Joghurt oder Kefir statt mit Reisdrink lecker – natürlich nur, wenn Sie Milchprodukte problemlos vertragen. Leiden Sie an einer Histaminüberempfindlichkeit, verzichten Sie besser auf den Kakao. Bestäuben Sie den Smoothie stattdessen mit etwas Zimt.

Nährwerte pro Portion:

115 kcal • 4 g Eiweiß • 2 g Fett • 18 g Kohlenhydrate

Beeriger Fitmacher

FÜR 2 GLÄSER

100 g gemischte Beeren (frisch oder tiefgekühlt)
1 Päckchen Vanillezucker
100 ml Mineralwasser
1 Banane
2 Kiwis
200 ml Birnensaft

ZUBEREITUNG: ca. 10 Min.

1. Die Beeren behutsam waschen, trocken tupfen und putzen. Tiefgekühlte Früchte leicht antauen lassen. Die Beeren mit Vanillezucker und Mineralwasser im Mixer oder mit dem Pürierstab fein pürieren.

2. Die Banane und die Kiwis schälen und grob zerkleinern. Die Fruchtstücke mit dem Birnensaft ebenfalls fein pürieren.

3. Den Bananenmix in zwei hohe Gläser verteilen. Den Beeren-Mix vorsichtig über den Rücken eines Teelöffels darüber gießen, sodass zwei Schichten entstehen. Sofort servieren.

VARIANTE

Lieber keine Kiwis? Dann bereiten Sie den Drink einfach mit dem Fruchtfleisch von 1 kleinen Mango zu.

Nährwerte pro Portion:

170 kcal • **2 g** Eiweiß • **1 g** Fett • **39 g** Kohlenhydrate

Melonen-Mango-Mix

FÜR 2 GLÄSER

250 g Wassermelone
1/2 Mango
100 ml Apfelsaft
Mineralwasser zum Aufgießen

ZUBEREITUNG: ca. 10 Min.

1. Die Melone von den Kernen befreien. Die Frucht schälen und das Fruchtfleisch in große Würfel schneiden.

2. Die Mango schälen und das Fruchtfleisch vom Kern lösen. Das Mangofruchtfleisch mit den Melonenwürfeln und dem Apfelsaft im Mixer oder mit dem Pürierstab fein pürieren.

3. Das Fruchtpüree in zwei hohe Gläser verteilen und mit Mineralwasser aufgießen. Den Drink sofort servieren.

TIPP

Greifen Sie bei einem empfindlichen Magen besser zu stillem Mineralwasser.

Nährwerte pro Portion:

125 kcal • **1 g** Eiweiß • **1 g** Fett • **28 g** Kohlenhydrate

Avocadoaufstrich

FÜR 2 PERSONEN

1 kleine rote Zwiebel
1 Knoblauchzehe
1 kleine reife Tomate
1 EL Olivenöl
1/2 Bund Basilikum
1 reife Avocado
1 TL Zitronensaft
Jodsalz, Pfeffer

ZUBEREITUNG: ca. 15 Min.

1. Zwiebel und Knoblauch schälen und fein hacken. Die Tomate waschen und den Stielansatz entfernen. Die Frucht in sehr kleine Würfel schneiden. Die Tomaten-, Zwiebel- und Knoblauchwürfelchen und das Olivenöl verrühren.

2. Das Basilikum waschen, trocken schütteln und die Blätter fein schneiden. In den Tomatenmix rühren.

3. Die Avocado längs halbieren und den Kern herauslösen. Das Fruchtfleisch aus der Schale heben und mit einer Gabel zerdrücken. Das Avocadopüree unter den Tomaten-Basilikum-Mix heben. Den Aufstrich mit Zitronensaft, Salz und Pfeffer würzen.

TIPP

Der Aufstrich passt hervorragend zu Geflügelfleisch. Er schmeckt aber auch gut zu Reis und ist ein leckerer Dip für Grillkartoffeln.

Nährwerte pro Portion:

280 kcal • **3 g** Eiweiß • **29 g** Fett • **3 g** Kohlenhydrate

Paprika-Dip

FÜR 2 PERSONEN

1 rote Paprikaschote
1 kleine Zwiebel
1 TL Olivenöl
1/4 TL gemahlener Kreuzkümmel (Cumin)
50 ml Gemüsebrühe
Jodsalz
Rosenpaprikapulver
mildes Chilipulver

ZUBEREITUNG: ca. 15 Min.

1. Die Paprikaschote waschen, halbieren und putzen. Dabei die Kerne und weißen Innenhäute mit entfernen. Die Hälften in kleine Stücke schneiden. Die Zwiebel schälen und sehr fein hacken. Das Öl in einer Pfanne erhitzen und die Zwiebel darin glasig dünsten. Herausnehmen.

2. Die Paprikastücke und den Kreuzkümmel in der heißen Pfanne kurz anbraten. Die Brühe angießen. Aufkochen und bei schwacher Hitze ca. 5 Min. einkochen lassen.

3. Die Paprikabrühe mit den Zwiebeln im Mixer oder mit dem Pürierstab cremig pürieren. Den Dip mit Salz, Paprikapulver und Chilipulver abschmecken.

TIPP

Dieser Dip ersetzt locker eine Fleischsauce. Er schmeckt zum Beispiel zu herzhaftem Lammfleisch oder einem Rindfleischgericht. Paprika ist oft schwer verdaulich. Hier hilft das Abziehen der Haut. Dafür die Paprikaschote vierteln und im vorgeheizten Backofen mit Grill bei 250° (oben, Umluft mit Grill 200°) garen, bis die Haut Blasen wirft. Die Viertel unter einem feuchten Tuch abkühlen lassen und häuten.

Nährwerte pro Portion:

45 kcal • **1 g** Eiweiß • **3 g** Fett • **3 g** Kohlenhydrate

Zucchini-Dip

FÜR 2 PERSONEN

150 g Zucchini
1 Zwiebel
1 Knoblauchzehe
1 EL Olivenöl
1 TL gekörnte Brühe (ohne Sellerie)
1/2 Bund Petersilie
1/2 Bio-Zitrone
1 kleine gekochte Kartoffel (ca. 60 g)
1 TL heller Balsamico-Essig
Jodsalz, Pfeffer

ZUBEREITUNG: ca. 20 Min.

1. Die Zucchini waschen, putzen und grob raspeln. Zwiebel und Knoblauch schälen und fein hacken. Das Öl erhitzen und beides darin glasig dünsten. Die Zucchiniraspel, gekörnte Brühe und 8 EL Wasser einrühren. Alles 5 Min. bei starker Hitze dünsten.

2. Die Petersilie waschen, trocken schütteln und die Blätter fein hacken. Die Zitrone heiß abwaschen und abtrocknen. Die Schale sehr fein abreiben, den Saft auspressen. Die Kartoffel pellen und fein reiben.

3. Die Kartoffel mit Petersilie, Zitronenschale, Zitronensaft, Essig und den gedünsteten Zucchini im Mixer oder mit dem Pürierstab fein pürieren. Den Dip mit Salz und Pfeffer würzen.

TIPP

Servieren Sie den Zucchini-Dip statt einer Sauce zu herzhaftem Gemüse und hellen Fleischgerichten.

Nährwerte pro Portion:

45 kcal • 2 g Eiweiß • 0 g Fett • 8 g Kohlenhydrate

Gurken-Relish

FÜR 2 PERSONEN

1 mittelgroße Tomate
1 Zwiebel
1 TL Olivenöl
1 TL Zitronensaft
100 g Salatgurke
1/4 Bund Petersilie
1 kleine Peperoni
Jodsalz, Pfeffer
Zucker

ZUBEREITUNG: ca. 20 Min.

1. Die Tomate waschen und den Stielansatz entfernen. Die Frucht in kleine Würfel schneiden. Die Zwiebel schälen und sehr fein hacken. Das Öl erhitzen und die Zwiebel darin bei mittlerer Hitze 3 Min. dünsten. Die Tomatenwürfel und den Zitronensaft einrühren. Ganz abkühlen lassen.

2. Die Gurke schälen und in kleine Würfel schneiden. Die Petersilie waschen, trocken schütteln und die Blätter fein hacken. Mit den Gurkenwürfelchen unter den Tomatenmix heben.

3. Die Peperoni waschen, längs halbieren und putzen. Die Hälften sehr fein hacken. Das Relish mit den Peperoniwürfelchen, Salz, Pfeffer und etwas Zucker würzen.

TIPP

Das würzige Relish passt besonders gut zu Gemüse und Grillhähnchen. Wer Paprika nicht verträgt, verzichtet jedoch besser auf die Peperoni. Für die nötige Schärfe reichlich geriebenen Ingwer ins Relish rühren.

Nährwerte pro Portion:

40 kcal • **1 g** Eiweiß • **3 g** Fett • **3 g** Kohlenhydrate

Zwiebel-Ananas-Chutney

FÜR 2 PERSONEN

1 rote Zwiebel
1/4 kleine Ananas
1 kleine grüne Paprikaschote
1 TL Olivenöl
1 TL Apfelessig
1 Stück frischer Ingwer (ca. 2 cm)
3 EL große Kokosflocken
Jodsalz, Pfeffer
Zucker

ZUBEREITUNG: ca. 20 Min.

1. Die Zwiebel schälen und fein hacken. Das Ananasviertel schälen und den Strunk entfernen. Das Fruchtfleisch in 1 cm große Würfel schneiden.

2. Die Paprika waschen, halbieren und putzen. Dabei die Kerne und weißen Innenhäute mit entfernen. Die Hälften ebenfalls in kleine Würfel schneiden.

3. Das Öl in einer Pfanne erhitzen. Die Zwiebel- und Paprikawürfelchen darin 2 Min. dünsten. Mit Essig ablöschen und die Ananaswürfel einrühren. Das Chutney vom Herd nehmen und in der Pfanne abkühlen lassen.

4. Den Ingwer schälen und fein reiben. Mit den Kokosflocken unter das Chutney rühren. Mit Salz, Pfeffer und Zucker abschmecken.

TIPP

Sie vertragen keine grünen Paprikaschoten? Dann verwenden Sie ihre verträglichere rote Schwester oder Tomaten. Die fehlende frische Schärfe gleichen Sie einfach durch etwas Zitronensaft und mehr Ingwer und Pfeffer aus. Testen Sie dieses würzige Chutney unbedingt zu Fisch – wenn Sie ihn problemlos essen können. Es schmeckt aber auch zu Geflügel oder zu kaltem Braten sehr fein.

Nährwerte pro Portion:

175 kcal • **2 g** Eiweiß • **12 g** Fett • **14 g** Kohlenhydrate

Lauwarmer Spargelsalat
mit Melone und Avocado

FÜR 2 PERSONEN

150 g grüner Spargel (frisch oder aus dem Glas)
Jodsalz
Zucker
1/2 kleine Cantaloupe-Melone
1/2 reife Avocado
1/4 Bund Schnittlauch
1/4 Bund Zitronenmelisse
2 EL heller Balsamico-Essig
3 TL Orangensaft
1 EL Olivenöl
Pfeffer

ZUBEREITUNG: ca. 35 Min.

TIPP

Manche Allergiker reagieren leider auch auf Melonen oder Avocados. Ist das bei Ihnen der Fall, tauschen Sie die Melone gegen Mango und die Avocado je nach Geschmack gegen gekochten Spargel oder geschälte Tomaten. Der Spargelsalat ist wunderbar als Vorspeise für 4 Personen.

1. Den Spargel gründlich waschen, das untere Drittel dünn schälen, holzige Endstücke abschneiden. Die Stangen in Salzwasser mit etwas Zucker ca. 15 Min. kochen. Spargel aus dem Glas abtropfen lassen.

2. Inzwischen die Kerne aus der Melone schaben, den Kern aus der Avocado lösen. Die Melone und die Avocado schälen. Beides in schmale Streifen schneiden.

3. Den Spargel in ein Sieb abgießen. Die Stangen je nach Länge in drei oder vier Stücke schneiden. Die warmen Spargelstücke mit den Melonen- und Avocadostreifen mischen.

4. Schnittlauch und Zitronenmelisse waschen und trocken schütteln. Die Schnittlauchhalme und Melissenblätter fein schneiden. Essig, Orangensaft, Olivenöl und die Kräuter verrühren. Das Dressing mit Salz, Pfeffer und Zucker abschmecken und behutsam unter den Salat mischen.

VARIANTE

Auch fein: **Schwarzwurzelsalat mit Ananas und Avocado.** Dafür statt Spargel 150 g Schwarzwurzeln unter fließendem Wasser bürsten, schälen, putzen und die Enden abschneiden. Die Wurzeln in Salzwasser mit 2 EL Zitronensaft ca. 40 Min. garen. Abgießen, abtropfen lassen und in kurze Stücke schneiden. Statt der Melone 1/2 kleine Ananas schälen, den Strunk entfernen und das Fruchtfleisch in kurze schmale Streifen schneiden. Avocado, Kräuter und Dressing wie beschrieben zubereiten und mit den Schwarzwurzel- und Ananasstücken mischen.

Nährwerte pro Portion:

215 kcal • **3 g** Eiweiß • **17 g** Fett • **12 g** Kohlenhydrate

Rucolasalat mit Wassermelone

FÜR 2 PERSONEN

50 g Rucola
1 kleiner süßer Apfel
200 g Wassermelone
1 EL heller Balsamico-Essig
1/2 TL Zitronensaft
Jodsalz
3 TL Rapsöl

ZUBEREITUNG: ca. 15 Min.

1. Den Rucola waschen, trocken schleudern und harte Blattstiele entfernen. Den Apfel waschen, vierteln und das Kerngehäuse entfernen. Die Viertel in kleine Würfel schneiden.

2. Die Melone von den Kernen befreien. Aus dem Fruchtfleisch mit einem Kugelausstecher kleine Kugeln formen. Die Melonenkugeln mit Essig, Zitronensaft, Salz und Öl mischen. Die Apfelwürfel unterheben.

3. Die Rucolablätter in grobe Stücke schneiden. Behutsam mit den Früchten mischen.

TIPP

Dieser Salat schmeckt fein als Vorspeise. Sie vertragen keinen rohen Apfel? Dann dünsten Sie die Apfelwürfelchen einfach. Oder Sie mischen stattdessen gekochte Spargelstücke unter den Salat.

Nährwerte pro Portion:

135 kcal • **1 g** Eiweiß • **8 g** Fett • **14 g** Kohlenhydrate

Maissalat mit Sauerkraut

FÜR 2 PERSONEN

50 ml Orangensaft
2 EL Weißweinessig
1 kleine Karotte
1 kleine rote Paprikaschote
1 kleine rote Zwiebel
2 EL Olivenöl
140 g Maiskörner (aus der Dose)
100 g Sauerkraut
Jodsalz, Pfeffer
1/2 Bund Petersilie

ZUBEREITUNG: ca. 30 Min.

1. Den Orangensaft bei mittlerer Hitze auf die Hälfte einkochen lassen. Den Essig unterrühren.

2. Die Karotte putzen, dünn schälen und in kleine Würfel schneiden. Die Paprika waschen, halbieren und putzen. Dabei die Kerne und weißen Innenhäute entfernen. Die Hälften in kleine Würfel schneiden. Die Zwiebel schälen und fein hacken.

3. Das Öl in einem Topf erhitzen und die Zwiebel darin glasig dünsten. Die Gemüsewürfel einstreuen und unter Rühren 3 Min. mitdünsten. Mit dem Essigsud

ablöschen und alles zugedeckt bei schwacher Hitze weitere 5 Min. dünsten.

4. Den Mais abtropfen lassen. Die Körner mit dem Sauerkraut und dem gedünsteten Gemüse mischen. Den Salat mit Salz und Pfeffer würzen und 15 Min. abkühlen lassen.

5. Die Petersilie waschen, trocken schütteln und die Blätter sehr fein hacken. Über den Maissalat streuen.

Nährwerte pro Portion:

380 kcal • **9 g** Eiweiß • **13 g** Fett • **55 g** Kohlenhydrate

Gartensalat

FÜR 2 PERSONEN

1 kleine mehligkochende Kartoffel
Jodsalz
1 Knoblauchzehe
1/2 Bund Dill
2 große Gewürzgurken (100 g)
150 g Tomaten
1/2 kleiner Kopfsalat
1 EL Zitronensaft
1 EL Rapsöl
Pfeffer
Zucker

ZUBEREITUNG: ca. 30 Min.

1. Die Kartoffel waschen, schälen und in kleine Würfel schneiden. Die Würfel in wenig Salzwasser 20 Min. garen. Knoblauch schälen und durchpressen. Dill waschen, trocken schütteln und die Spitzen sehr fein hacken.

2. Die Gurken in dünne Scheiben schneiden. Die Tomaten waschen und die Stielansätze entfernen. Die Früchte in Würfel schneiden. Den Salat mundgerecht zerteilen, waschen und trocken schleudern.

3. Die Kartoffelwürfel abgießen und mit einer Gabel fein zerdrücken. Mit Zitronensaft, Öl, dem Knoblauch und den Dillspitzen verrühren. Das Dressing mit Salz, Pfeffer und Zucker würzen.

4. Die Gurken, Tomaten und Salatblätter mit dem Kartoffeldressing mischen. Kurz durchziehen lassen.

TIPP

Histaminempfindsame Personen vertragen Gewürzgurken und Tomaten oft schlecht. Wenn Sie zu dieser Gruppe gehören, verwenden Sie statt der Gewürz- besser Salatgurken und statt der Tomaten 1 kleine Paprikaschote.

Nährwerte pro Portion:

90 kcal • 2 g Eiweiß • 5 g Fett • 9 g Kohlenhydrate

Kohlrabi-Melonen-Salat

FÜR 2 PERSONEN

1 kleiner junger Kohlrabi
1/2 Salatgurke
1/2 kleine Cantaloupe-Melone
1 EL heller Balsamico-Essig
1 EL trockener Sherry
1/2 TL Zucker
Jodsalz, Pfeffer
1 EL Traubenkernöl
2 EL Gemüsebrühe
3 Zweige Zitronenmelisse

ZUBEREITUNG: ca. 15 Min.
MARINIEREN: ca. 15 Min.

1. Den Kohlrabi putzen, die zarten Blättchen beiseitelegen. Die Knolle dünn schälen und fein raspeln. Die Gurke waschen, putzen und in kurze Stifte schneiden. Die Kerne aus der Melone schaben. Aus dem Fruchtfleisch mit einem Kugelausstecher kleine Kugeln formen.

2. Die Kohlrabiraspel, Gurkenstifte und Melonenkugeln mischen. Den Essig mit Sherry, Zucker, Salz, Pfeffer, Öl und Brühe verquirlen. Das Dressing behutsam unter den Salat heben.

3. Die Zitronenmelisse und Kohlrabiblättchen waschen und trocken schütteln. Die Blättchen fein schneiden und über den Salat streuen. Den Salat 15 Min. durchziehen lassen.

VARIANTE

Der Salat schmeckt auch mit Mango statt mit Melone lecker. Dafür das Fruchtfleisch von 1/2 Mango in kleine Würfel schneiden und unter den Salat heben.

Nährwerte pro Portion:

135 kcal • 3 g Eiweiß • 5 g Fett • 18 g Kohlenhydrate

Avocadosalat mit rosa Grapefruit

FÜR 2 PERSONEN

1 rosa Grapefruit
50 g Feldsalat
1 reife Avocado
4 EL Zitronensaft
1 Frühlingszwiebel
1 EL Rapsöl
1 EL flüssige Gemüsebrühe
Jodsalz, Pfeffer

ZUBEREITUNG: ca. 30 Min.

1. Die Grapefruit dick schälen, dabei die weiße Haut vollständig mit entfernen. Die Grapefruitfilets zwischen den Trennhäutchen herauslösen. Dabei den Saft auffangen.

2. Den Feldsalat putzen, gründlich waschen und trocken schleudern. Die Avocado längs halbieren und den Kern herauslösen. Das Fruchtfleisch mit einem Löffel aus der Schale heben und in 1 cm große Würfel schneiden. Die Avocadowürfel mit 2 EL Zitronensaft und dem Grapefruitsaft beträufeln.

3. Die Frühlingszwiebel waschen, putzen und den hellen Teil in sehr feine Ringe schneiden. Mit den Avocadowürfeln, Grapefruitfilets und dem Feldsalat mischen.

4. Das Öl mit Brühe und 2 EL Zitronensaft verquirlen. Das Dressing mit Salz und Pfeffer würzen und über den Salat träufeln. Behutsam unterheben.

TIPP

Zur Abwechslung mal die Filets von 1 großen Orange unter den Salat heben.

Nährwerte pro Portion:

310 kcal • **3 g** Eiweiß • **29 g** Fett • **10 g** Kohlenhydrate

Hähnchenbrustsalat mit Zucchini

FÜR 2 PERSONEN

100 g parboiled Langkornreis
Jodsalz
200 g Zucchini
1/4 kleine Ananas
150 g Hähnchenbrustfilet
1 EL Rapsöl
1 EL Weißweinessig
1 EL Traubenkernöl
1 EL Mangochutney
Pfeffer
mildes Currypulver

ZUBEREITUNG: ca. 20 Min.
MARINIEREN: ca. 15 Min.

1. Den Reis in 200 ml kochendes Salzwasser einstreuen und zugedeckt bei schwacher Hitze 20 Min. quellen lassen.

2. Die Zucchini waschen, putzen und in kleine Würfel schneiden. Die Ananas schälen und den Strunk entfernen. Das Fruchtfleisch ebenfalls in kleine Würfel schneiden.

3. Das Hähnchenfilet trocken tupfen und in kleine Würfel schneiden. Das Rapsöl in einer Pfanne erhitzen und das Fleisch darin rundum kurz anbraten. Abkühlen lassen.

4. Den Essig mit Traubenkernöl, Chutney, etwas Salz, Pfeffer und

Currypulver verquirlen. Den Reis, die Zucchini- und Ananaswürfel, das Hähnchenfleisch und das Dressing behutsam mischen. Den Salat 15 Min. durchziehen lassen. Vor dem Servieren nochmals mit Salz, Pfeffer, Chutney und Currypulver abschmecken.

VARIANTE

Lieber ganz ohne Fleisch? Dann bereiten Sie den Salat statt mit Hähnchenbrust mit 1 in Würfel geschnittenen und mit etwas Zitronensaft beträufelten Avocado zu.

Nährwerte pro Portion:

390 kcal • **22 g** Eiweiß • **11 g** Fett • **50 g** Kohlenhydrate

Pikanter Linsensalat

FÜR 2 PERSONEN

150 g gelbe Linsen
1/2 kleine Stange Lauch
1 TL Rapsöl
250 ml Gemüsebrühe
1 kleiner Apfel
75 g Lachsschinken (in hauchdünnen Scheiben)
1/2 Bund Petersilie
3 TL Balsamico-Essig
Jodsalz, Pfeffer
Currypulver
ZUBEREITUNG: ca. 40 Min.
QUELLEN: ca. 8 Std.

1. Die Linsen mit Wasser bedecken und mindestens 8 Std. oder über Nacht quellen lassen. In ein Sieb abgießen und abtropfen lassen.

2. Den Lauch putzen, längs aufschneiden und sorgfältig waschen. Die Stange in schmale Ringe schneiden. Das Öl in einem Topf erhitzen und den Lauch kurz darin andünsten. Mit Brühe ablöschen. Die Linsen einrühren und bei mittlerer Hitze 15–20 Min. garen. Die Linsen dürfen dabei nicht zerfallen.

3. Den Apfel waschen, vierteln und das Kerngehäuse entfernen.

Die Viertel in kleine Würfel schneiden. Gegen Ende der Kochzeit zu den Linsen geben und kurz erhitzen. Die Linsen abkühlen lassen.

4. Den Schinken in feine Streifen schneiden. Die Petersilie waschen, trocken schütteln und die Blättchen fein hacken. Mit den Schinkenstreifen unter die Linsen heben. Den Salat mit Essig, Salz, Pfeffer und Currypulver würzig abschmecken.

Nährwerte pro Portion:

455 kcal • **26 g** Eiweiß • **18 g** Fett • **48 g** Kohlenhydrate

Geflügelsalat mit Banane

FÜR 2 PERSONEN

250 g Putenbrustfilet
Jodsalz
5 EL Rundkornreis
100 g tiefgekühlte Erbsen
1 große Banane
1 TL Zitronensaft
2 EL Himbeeressig
2 EL Traubenkernöl
Pfeffer
mildes Currypulver
ZUBEREITUNG: ca. 40 Min.

1. Die Putenbrust in große Stücke schneiden. In 125 ml Salzwasser bei schwacher Hitze 10 Min. garen. Das Fleisch herausnehmen und abkühlen lassen. Den Sud wieder aufkochen. Reis und Erbsen einstreuen und zugedeckt bei schwacher Hitze 20–25 Min. garen. Den Erbsenreis in ein Sieb gießen und abtropfen lassen, den Kochsud auffangen.

2. Die Banane schälen und halbieren. Eine Hälfte mit einer Gabel fein zerdrücken. Das Püree mit Zitronensaft, Essig und Öl zu einem dicken Dressing verrühren. Mit Salz, Pfeffer und Currypulver

pikant abschmecken. Bei Bedarf mit etwas Kochsud verdünnen.

3. Das Putenfilet in kleine Stücke schneiden. Mit dem Erbsenreis und dem Dressing mischen. Den Salat mit Salz, Pfeffer und Curry abschmecken. Die restliche Bananenhälfte in Scheiben schneiden und auf den Salat legen.

TIPP

Auch milder Apfelessig und ein fruchtiges, helles Olivenöl passen gut zu diesem Salat.

Nährwerte pro Portion:

410 kcal • **35 g** Eiweiß • **11 g** Fett • **41 g** Kohlenhydrate

Trauben-Geflügel-Salat

FÜR 2 PERSONEN

150 g Hähnchenbrustfilet
3 Blätter Liebstöckel
Jodsalz
1/2 kleiner Zucchino
100 g kernlose Weintrauben
2 EL Apfelessig
6 EL Reisdrink
1/2 TL Kartoffelstärke
Pfeffer
mildes Currypulver

ZUBEREITUNG: ca. 20 Min.

1. Die Hähnchenbrust in große Stücke schneiden. Den Liebstöckel waschen und trocken tupfen. Das Fleisch in kochendem Salzwasser mit dem Liebstöckel ca. 5 Min. garen. Herausnehmen und etwas abkühlen lassen.

2. Den Zucchino waschen, putzen und in kleine Würfel schneiden. Die Trauben waschen, trocken tupfen und halbieren. Den Essig mit Reisdrink und Stärke kurz aufkochen und kräftig verquirlen.

3. Die lauwarme Hähnchenbrust in dünne Scheiben schneiden. Mit den Zucchiniwürfeln, Trauben und dem Dressing mischen. Kurz durchziehen lassen und mit Salz, Pfeffer und Currypulver pikant würzen.

TIPP

Wenn keine Allergie oder Unverträglichkeit gegen Milchprodukte besteht, können Sie Reisdrink und Stärke gegen 100 g Frischkäse (0,2 % Fett) austauschen.

Nährwerte pro Portion:

140 kcal • **19 g** Eiweiß • **1 g** Fett • **12 g** Kohlenhydrate

Feldsalat mit Früchten und Bündner Fleisch

FÜR 2 PERSONEN

75 g Feldsalat
1 EL Himbeeressig
Jodsalz, Pfeffer
1 TL Honig
1 EL Rapsöl
200 g Beeren (je nach Saison, frisch oder tiefgekühlt)
250 g kernlose Weintrauben
50 g Bündner Fleisch (in hauchdünnen Scheiben)

ZUBEREITUNG: ca. 25 Min.

1. Den Feldsalat putzen, gründlich waschen und trocken schleudern. Essig, Salz, Pfeffer, Honig und Öl verquirlen.

2. Die Beeren behutsam waschen, trocken tupfen und putzen. Dabei austretenden Saft auffangen und ins Dressing rühren. Tiefgekühlte Früchte bei sehr schwacher Hitze vorsichtig im Dressing auftauen lassen. Abgießen und abtropfen lassen, das Dressing dabei auffangen.

3. Die Weintrauben waschen, trocken tupfen und halbieren. Das Bündner Fleisch in sehr dünne, nicht zu lange Streifen schneiden.

4. Den Feldsalat im Dressing wenden. Mit Beeren, Trauben und dem Bündner Fleisch mischen. Den Salat portionsweise anrichten und mit dem restlichen Dressing beträufeln.

TIPP

Bei Allergien gegen Blütenpollen lassen Sie den Honig weg. Rühren Sie stattdessen Ahornsirup oder Zucker ins Dressing.

Nährwerte pro Portion:

260 kcal • **12 g** Eiweiß • **7 g** Fett • **34 g** Kohlenhydrate

Rindfleisch auf Rucola mit Apfelsauce

FÜR 2 PERSONEN

1 EL Olivenöl
150 g Rindfleisch (aus der Hüfte)
Jodsalz, Pfeffer
1 kleiner Apfel
2 EL Traubenkernöl
1 EL Kapern (aus dem Glas)
75 g Rucola
ZUBEREITUNG: ca. 20 Min.

1. Das Olivenöl in einer Pfanne erhitzen und das Fleisch darin rundum kurz anbraten. Mit Salz und Pfeffer würzen und abkühlen lassen.

2. Den Apfel schälen, vierteln und das Kerngehäuse entfernen. Die Viertel mit etwas Wasser im Mixer oder mit dem Pürierstab fein pürieren. Dabei das Öl tropfenweise zugeben, bis eine cremige Sauce entsteht. Die Kapern unterheben und mit Salz und Pfeffer würzen.

3. Den Rucola waschen, trocken schleudern und harte Blattstiele entfernen. Die Blätter in mundgerechte Stücke brechen und auf zwei Teller verteilen. Mit dem Dressing beträufeln. Das Rindfleisch in dünne Scheiben schneiden und auf dem Salat anrichten.

TIPP

Sie vertragen kein Kernobst? Dann bereiten Sie das Dressing statt mit Apfel mit 1 sehr kleinen gekochten Kartoffel zu. Mit den Kapern noch etwas Gemüsebrühe zugeben, bis das Dressing schön cremig ist.

Nährwerte pro Portion:

255 kcal • **17 g** Eiweiß • **17 g** Fett • **8 g** Kohlenhydrate

Kohlrabi-Reis-Salat mit Schinken

FÜR 2 PERSONEN

125 ml Gemüsebrühe
50 g Langkornreis
100 g Kohlrabi
1 Apfel
100 g gekochter Schinken
1 Frühlingszwiebel
50 g Maiskörner (aus der Dose)
1/2 Bund Petersilie
2 EL Apfelessig
1 EL Rapsöl
Jodsalz, Pfeffer

ZUBEREITUNG: ca. 25 Min.
MARINIEREN: ca. 10 Min.

1. 100 ml Gemüsebrühe aufkochen. Den Reis einstreuen und zugedeckt bei mittlerer Hitze 20 Min. quellen lassen.

2. Den Kohlrabi und den Apfel schälen. Den Apfel halbieren und das Kerngehäuse entfernen. Die Apfelhälften, den Kohlrabi und den Schinken in schmale Streifen schneiden.

3. Die Frühlingszwiebel waschen, putzen und den hellen Teil fein hacken. Den Mais abgießen und abtropfen lassen. Die Maiskörner mit dem Reis, den Kohlrabi-, Apfel- und Schinkenstreifen und der Frühlingszwiebel mischen.

4. Die Petersilie waschen, trocken schütteln und die Blätter fein hacken. Mit Essig, Öl und 25 ml Brühe verrühren. Das Dressing mit Salz und Pfeffer würzen und über den Salat träufeln. Behutsam mischen und 10 Min. durchziehen lassen.

VARIANTE

Mischen Sie zur Abwechslung statt des Apfels die Spalten von 2 kleinen Mandarinen in den Salat. Besonders wichtig für alle, die Kernobst meiden müssen.

Nährwerte pro Portion:

330 kcal • **16 g** Eiweiß • **9 g** Fett • **46 g** Kohlenhydrate

Salate

Herzhafter Rindfleischsalat

FÜR 2 PERSONEN

2 EL Olivenöl
200 g Rindfleisch
1 rote Paprikaschote
1/2 kleiner Zucchino
1 große Zwiebel
Jodsalz
Zucker
150 g Maiskörner (aus der Dose)
1 EL Tomatenmark
1 EL Himbeeressig
Pfeffer
edelsüßes Paprikapulver

ZUBEREITUNG: ca. 20 Min.
MARINIEREN: ca. 30 Min.

1. In einer Pfanne 1 EL Öl erhitzen. Das Fleisch darin von jeder Seite ca. 5 Min. braten. Herausnehmen und abkühlen lassen.

2. Die Paprikaschote waschen, halbieren und putzen. Dabei die Kerne und weißen Innenhäute entfernen. Die Hälften in Würfel schneiden. Den Zucchino waschen, putzen und ebenfalls in Würfel schneiden. Die Zwiebel schälen und fein hacken. Wenig Salzwasser mit 1 Prise Zucker aufkochen und die Gemüsewürfel darin ca. 4 Min. garen. Abgießen und abtropfen lassen.

3. Den Mais abgießen und abtropfen lassen. Das Fleisch in Würfel schneiden. Mit den Gemüsewürfeln und den Maiskörnern mischen.

4. Für das Dressing 1 EL Öl, Tomatenmark, Essig, Salz, Pfeffer und Paprikapulver verquirlen. Das Dressing unter den Salat mischen und 30 Min. durchziehen lassen.

TIPP

Ihr Magen rebelliert gegen Paprika? Dann bereiten Sie den Salat doch einfach mit Radieschen zu.

Nährwerte pro Portion:

470 kcal • 30 g Eiweiß • 15 g Fett • 54 g Kohlenhydrate

Schwäbischer Kartoffelsalat

FÜR 2 PERSONEN

500 g festkochende Kartoffeln
1 kleine Knoblauchzehe
150 ml Fleischbrühe
2 EL Weißweinessig
1 kleine Zwiebel
Jodsalz, Pfeffer
1/2 Bund Schnittlauch
1 EL Rapsöl

ZUBEREITUNG: ca. 40 Min.
MARINIEREN: ca. 15 Min.

1. Die Kartoffeln waschen und in reichlich Wasser zugedeckt ca. 25 Min. kochen. Abgießen und ausdampfen lassen. Die Knollen pellen und in hauchdünne Scheiben schneiden. Die Knoblauchzehe halbieren und eine Salatschüssel damit ausreiben. Die Kartoffelscheiben hineingeben.

2. Die Brühe erwärmen und den Essig einrühren. Die warme Brühe über die Kartoffeln gießen. Die Zwiebel schälen und fein hacken. Den Kartoffelsalat mit Salz, Pfeffer und den Zwiebelwürfeln kräftig würzen.

3. Den Schnittlauch waschen, trocken schütteln und fein schneiden. Mit dem Öl unter den Salat heben. Den Salat bei Zimmertemperatur mindestens 15 Min. durchziehen lassen.

TIPP

Diesen Salat lieben alle, die von unterschiedlichen Allergien geplagt werden. Wenn nötig, dünsten Sie die Zwiebelwürfel noch kurz an und lassen Sie den Schnittlauch ganz weg.

Nährwerte pro Portion:

190 kcal • 5 g Eiweiß • 6 g Fett • 30 g Kohlenhydrate

Gemüsesuppe mit Putenschinken

FÜR 2 PERSONEN

1 Kartoffel (150 g)
1 kleine Zwiebel
1 Möhre (100 g)
150 g Brokkoli
1 kleine Stange Lauch
1 Stück frischer Ingwer (ca. 2 cm)
300 ml Geflügelbrühe
100 g Putenschinken
1/2 Bund Petersilie
100 g Maiskörner (aus der Dose)
Jodsalz, Pfeffer
mildes Currypulver

ZUBEREITUNG: ca. 45 Min.

1. Die Kartoffel, Zwiebel und Möhre schälen und in Würfel schneiden. Die Röschen vom Brokkoli schneiden, waschen und abtropfen lassen. Den Lauch putzen und das dunkle Grün entfernen. Die Stange längs aufschneiden und sorgfältig waschen. Den weißen und hellgrünen Teil in feine Ringe schneiden. Den Ingwer schälen und fein hacken.

2. Die Gemüsewürfel, die Brokkoliröschen, den Lauch und den Ingwer in der Brühe aufkochen. Zugedeckt bei schwacher Hitze 30 Min. ziehen lassen. Den Schinken in schmale Streifen schneiden. Die Petersilie waschen, trocken schütteln und die Blätter grob hacken. Den Mais abtropfen lassen.

3. Das Gemüse samt Brühe im Mixer oder mit dem Pürierstab fein pürieren. Den Mais und die Schinkenstreifen einrühren und die Suppe nochmals erhitzen. Die Suppe mit Salz, Pfeffer und etwas Curry würzen. Mit Petersilie bestreut servieren.

Nährwerte pro Portion:

315 kcal • 22 g Eiweiß • 3 g Fett • 48 g Kohlenhydrate

Kräftiger Fencheleintopf

FÜR 2 PERSONEN

100 g getrocknete Kichererbsen
1 Fenchelknolle
1 Zwiebel
50 g gekochter Schinken
1/2 Bund Petersilie
5 Zweige Thymian
1 Zweig Rosmarin
1 EL Olivenöl
800 ml Gemüsebrühe
3 EL Tomatenmark
Jodsalz, Pfeffer

ZUBEREITUNG: ca. 15 Min.
GAREN: ca. 30 Min.
QUELLEN: ca. 12 Std.

1. Die Kichererbsen mindestens 12 Std. oder über Nacht in reichlich Wasser einweichen.

2. Den Fenchel waschen und putzen, das Fenchelgrün beiseitelegen. Die Knolle in dünne Streifen schneiden. Die Zwiebel schälen und grob hacken. Den Schinken in Würfel schneiden.

3. Petersilie, Thymian und Rosmarin waschen und trocken schütteln. Die Petersilienblätter und Rosmarinnadeln grob hacken, die Thymianblättchen von den Stielen streifen. Die Kichererbsen abgießen und abtropfen lassen.

4. Das Öl in einem Topf erhitzen und die Zwiebelwürfel darin glasig dünsten. Die Schinkenwürfel, Fenchelstreifen und Kräuter einrühren. Die Brühe angießen, das Tomatenmark und die Kichererbsen unterrühren. Alles bei schwacher Hitze 30 Min. garen. Den Eintopf mit Salz und Pfeffer würzen. Das Fenchelgrün grob hacken und über den Eintopf streuen.

TIPP

Bei Histaminproblemen statt Tomatenmark Paprika-Dip (siehe Seite 32) verwenden.

Nährwerte pro Portion:

280 kcal • 20 g Eiweiß • 10 g Fett • 28 g Kohlenhydrate

Gurkensuppe

FÜR 2 PERSONEN

3 Salatgurken
1 EL gekörnte Brühe (ohne Sellerie)
1 EL Zitronensaft
300 ml Reisdrink
1 Knoblauchzehe
Cayennepfeffer
1/2 TL Jodsalz
Pfeffer
1 Bund Dill

ZUBEREITUNG: ca. 15 Min.

1. Die Gurken putzen, schälen und in kleine Würfel schneiden. Die Würfel mit der Brühe in einem großen Topf glasig dünsten.

2. Den Zitronensaft in den Reisdrink rühren. Den Knoblauch schälen und dazupressen. Die Creme kräftig mit Cayennepfeffer, Salz und Pfeffer würzen.

3. Die Würzcreme mit zwei Dritteln der Gurken im Mixer oder mit dem Pürierstab cremig pürieren. Bei Bedarf nochmals nachwürzen. Den Dill waschen, trocken schütteln und die Spitzen fein hacken.

4. Die Suppe mit dem Dill und den restlichen Gurkenwürfeln bestreuen.

TIPP

Dieses feine Süppchen schmeckt warm oder kalt sehr lecker. Verwenden Sie nur gekörnte Brühe ohne Hefe und Glutamat (Geschmacksverstärker) und je nach Allergie auch ohne Sellerie. Die finden Sie im Reformhaus oder im Naturkostladen.

Nährwerte pro Portion:

275 kcal • **7 g** Eiweiß • **4 g** Fett • **55 g** Kohlenhydrate

Tomatentopf mit Polenta

FÜR 2 PERSONEN

4 Salbeiblättchen
2 EL Olivenöl
60 g Maisgrieß
500 ml Gemüsebrühe
Jodsalz, Pfeffer
Rosenpaprikapulver
400 g Tomaten
100 g Zwiebeln
1 Knoblauchzehe
1 Lorbeerblatt
2 EL Tomatenmark
2 EL Zitronensaft
1 Bogen Backpapier

ZUBEREITUNG: ca. 25 Min.

1. Den Salbei waschen, trocken tupfen und grob hacken. In einem Topf 1 TL Öl erhitzen und den Salbei darin rösten. Grieß einstreuen und unter Rühren kurz dünsten. 250 ml Brühe angießen. Aufkochen und den Grieß bei schwacher Hitze 15 Min. quellen lassen. Dabei gelegentlich umrühren. Den Brei mit Salz, Pfeffer und Rosenpaprika würzen. 1 cm hoch auf Backpapier streichen und abkühlen lassen.

2. Die Tomaten kreuzförmig einritzen und 30 Sek. in kochendes Wasser legen. Herausheben und häuten. Die Stielansätze entfernen, das Fruchtfleisch in Würfel schneiden. Zwiebeln und Knoblauch schälen und fein hacken.

3. In einem Topf 1 TL Öl erhitzen. Die Zwiebel- und Knoblauchwürfel darin glasig dünsten. Lorbeer, Tomatenmark und Zitronensaft einrühren und kurz erhitzen. 250 ml Brühe angießen. Die Tomatenwürfel unterheben und bei schwacher Hitze 10 Min. ziehen lassen. Die Suppe mit Salz und Pfeffer würzen.

4. Die Polenta in große Rauten schneiden. In einer Pfanne das restliche Öl erhitzen und die Rauten darin von jeder Seite kurz anbraten. Zur Suppe servieren.

Nährwerte pro Portion:

240 kcal • **5 g** Eiweiß • **12 g** Fett • **29 g** Kohlenhydrate

Kürbissuppe mit Ingwer

FÜR 2 PERSONEN

500 g Kürbis (300 g geputzt gewogen)
1 mehligkochende Kartoffel (ca. 100 g)
1 Stück frischer Ingwer (ca. 2 cm)
1 kleine Zwiebel
1 EL Olivenöl
400 ml Gemüsebrühe
4 Scheiben Schinken (gekocht oder geräuchert)
1/2 Bund Kerbel
Jodsalz, Pfeffer

ZUBEREITUNG: ca. 45 Min.

1. Den Kürbis schälen, die Kerne herausschaben und das Fruchtfleisch in kleine Stücke schneiden. Die Kartoffel waschen, schälen und in kleine Würfel schneiden. Den Ingwer schälen und fein reiben. Die Zwiebel schälen und sehr fein hacken.

2. Das Öl in einem Topf erhitzen und die Zwiebel darin glasig dünsten. Den Ingwer einrühren. Die Kürbisstücke und Kartoffelwürfel zugeben und kurz mitdünsten. Die Brühe angießen und alles bei schwacher Hitze 15 Min. garen.

3. Den Schinken in kurze, feine Streifen schneiden. Den Kerbel waschen, trocken schütteln und grob hacken. Die Suppe mit Salz und Pfeffer würzen und mit dem Pürierstab cremig aufmixen. Mit Schinkenstreifen und Kerbel bestreut servieren.

TIPP

Außerhalb der Kürbissaison können Sie diese Suppe mit 300 g eingelegtem Kürbis (aus dem Glas) zubereiten. Der Einlegesud darf jedoch keinen Zucker oder Honig enthalten. Histaminsensible Personen müssen leider auf diese Variante verzichten.

Nährwerte pro Portion:

240 kcal • 21 g Eiweiß • 10 g Fett • 15 g Kohlenhydrate

Rosenkohlsuppe mit Mais und Safran

FÜR 2 PERSONEN

1 kleine Zwiebel
1 Knoblauchzehe
1 kleine Möhre
250 g Rosenkohl
1 TL Rapsöl
400 ml Gemüsebrühe
100 g Maiskörner (aus der Dose)
1/2 Bund Schnittlauch
1 Prise Safran
Jodsalz, Pfeffer

ZUBEREITUNG: ca. 15 Min.
GAREN: ca. 25 Min.

1. Die Zwiebel und den Knoblauch schälen und fein hacken. Die Möhre putzen, dünn schälen und in kleine Stücke schneiden. Den Rosenkohl waschen, putzen und in sehr feine Streifen schneiden.

2. Das Öl und in einem großen Topf erhitzen. Die Zwiebel-, Knoblauch- und Möhrenwürfel darin glasig dünsten. Den Rosenkohl einstreuen und kurz mitdünsten. Die Brühe angießen und alles zugedeckt bei schwacher Hitze 25 Min. garen.

3. Den Mais in ein Sieb gießen und abtropfen lassen. Den Schnittlauch waschen, trocken schütteln und sehr fein schneiden. Den Mais und den Safran in die Suppe rühren. Die Suppe mit Salz, Pfeffer und dem Schnittlauch würzen. Sofort servieren.

VARIANTE

Die Suppe schmeckt auch mit Wirsing oder Weißkohl sehr lecker.

Nährwerte pro Portion:

265 kcal • 12 g Eiweiß • 6 g Fett • 41 g Kohlenhydrate

Erbsensuppe mit Zitronenmelisse

FÜR 2 PERSONEN

1 Frühlingszwiebel
100 g Maiskörner (aus der Dose)
1 EL Rapsöl
600 ml Gemüsebrühe
150 g tiefgekühlte Erbsen
2 Zweige Zitronenmelisse
Jodsalz, Pfeffer
Zucker

ZUBEREITUNG: ca. 15 Min.

1. Die Frühlingszwiebel waschen und putzen. Den hellen Teil fein schneiden. Den Mais in ein Sieb gießen und abtropfen lassen.

2. Das Öl in einem großen Topf erhitzen und die Frühlingszwiebel darin glasig dünsten. Mit der Brühe ablöschen. Die Hälfte der Maiskörner und die Erbsen in die Brühe rühren. Bei schwacher Hitze 5 Min. sanft kochen lassen.

3. Die Zitronenmelisse waschen, trocken schütteln und grob hacken. Mit dem Gemüse im Mixer oder mit dem Pürierstab fein pürieren.

4. Den restlichen Mais in die Suppe rühren und nochmals kurz erhitzen. Die Suppe mit Salz, Pfeffer und etwas Zucker würzen. Portionsweise anrichten.

TIPP

Wer Fisch verträgt, gart mit Mais und Erbsen noch 150 g in Stücke geschnittenes Lachsfilet in der Suppe. Den Fisch vor dem Pürieren herausnehmen und vor dem Servieren wieder in die heiße Suppe legen.

Nährwerte pro Portion:

296 kcal • **10 g** Eiweiß • **8 g** Fett • **46 g** Kohlenhydrate

Gelbe Linsensuppe

FÜR 2 PERSONEN

150 g gelbe Linsen
1 Zwiebel
1 Knoblauchzehe
1 Möhre
1 Stange Lauch
4 Zweige frischer Thymian (ersatzweise 1/2 TL getrockneter)
1 TL Rapsöl
600 ml Gemüsebrühe
Jodsalz, Pfeffer
Apfelessig

ZUBEREITUNG: ca. 30 Min.
QUELLEN: ca. 8 Std.

1. Die Linsen mit Wasser bedecken und mindestens 8 Std. oder über Nacht einweichen. In ein Sieb abgießen.

2. Die Zwiebel und den Knoblauch schälen. Die Möhre putzen und schälen. Den Lauch putzen und das dunkle Grün entfernen. Die Stange längs aufschneiden und sorgfältig waschen. Zwiebel, Knoblauch, Möhre und Lauch sehr fein hacken. Den Thymian waschen und trocken schütteln. Die Blättchen von den Stielen streifen und hacken.

3. Das Öl in einem großen Topf erhitzen und die Gemüse kurz darin dünsten. Die Brühe angießen, die Linsen und den Thymian einrühren. Alles bei schwacher Hitze 15–20 Min. garen, bis die Linsen weich sind.

4. Die Hälfte der Suppe im Mixer oder mit dem Pürierstab fein pürieren. Das Püree in die restliche Suppe rühren und alles nochmals erhitzen. Die Suppe mit Salz, Pfeffer und etwas Apfelessig pikant abschmecken.

Nährwerte pro Portion:

315 kcal • **21 g** Eiweiß • **5 g** Fett • **46 g** Kohlenhydrate

Maisfladen-Pizza

FÜR 2 PERSONEN

FÜR DEN TEIG

100 g Maismehl
20 g Reismehl
20 g Maisstärke
1/2 TL Jodsalz
2 EL Rapsöl

FÜR DEN BELAG

150 g Tomatenpüree (Fertigprodukt)
2 EL mildes Ajvar (Paprikapüree)
Jodsalz, Pfeffer
getrockneter Oregano
2 Tomaten
300–400 g Gemüse (geputzt gewogen, je nach Bekömmlichkeit
z. B. Paprikastreifen, Pilzscheiben,
Oliven, Spinatblätter, Zucchini-
scheiben, Zwiebelringe)

AUSSERDEM

Backpapier

ZUBEREITUNG: ca. 35 Min.

BACKEN: ca. 25 Min.

1. Für den Teig Maismehl, Reismehl, Maisstärke und Salz in
einer Schüssel mischen. Mit Öl
und ca. 100 ml Wasser zu einem
geschmeidigen Teig verkneten.
Bei Bedarf noch etwas Wasser
zugeben.

2. Den Backofen auf 200° vorheizen. Aus dem Teig mit den
Händen auf Backpapier zwei
dünne runde Fladen (ca. 20 cm
Ø) formen. Die Fladen mit dem
Papier auf ein Backblech ziehen
und im Ofen (Mitte, Umluft 180°)
10 Min. backen. Herausnehmen.
Die Ofentemperatur auf 175° re-
duzieren.

3. Für den Belag Tomatenpüree
und Ajvar verrühren. Kräftig mit
Salz, Pfeffer und Oregano würzen. Die Tomaten waschen und
die Stielansätze entfernen. Die
Früchte in Scheiben schneiden.
Das Gemüse bei Bedarf wa-
schen, putzen und in Streifen,
Scheiben oder Ringe schneiden.

4. Das Tomatenpüree bis zum
Rand auf den Teigböden ver-
streichen. Die Pizzen mit den
Tomatenscheiben belegen und
die Gemüse darauf verteilen.
Die Fladen im heißen Ofen (Mitte, Umluft 150°) nochmals ca.
15 Min. backen. Sofort servieren.

TIPP

Reismehl bekommen Sie im
Asienladen oder Reform-
haus. In der Regel haben
auch Bioläden dieses Mehl
im Angebot oder können es
aus Reisflocken frisch mah-
len. Die Fladen müssen
randvoll belegt sein, sonst
werden sie leicht beim zweiten Backen an den Rändern
sehr trocken.

VARIANTE

Wer keine rein vegetarische
Pizza möchte, darf ruhig gekochten Schinken, Salami –
und für alle, die Fisch gut
vertragen – auch Thunfisch
drauflegen. Lecker schme-
cken auch ein paar Ananas-
würfelchen.

Nährwerte pro Portion:

380 kcal • **10 g** Eiweiß • **12 g** Fett • **57 g** Kohlenhydrate

Rotkohl mit Pilzragout

FÜR 4 PERSONEN

2 Zwiebeln
1 kleiner Kopf Rotkohl (ca. 800 g, ersatzweise 1/2 normal großer Kopf)
2 EL Rapsöl
2 Äpfel
4 EL Apfelessig
250 ml dunkler Traubensaft
2 EL Johannisbeergelee
3 Lorbeerblätter
Jodsalz, Pfeffer
Zimt, gemahlene Nelken
600 g Champignons
1 EL Buchweizenmehl
100 ml Apfelsaft

ZUBEREITUNG: ca. 55 Min.

1. Die Zwiebeln schälen und hacken. Den Rotkohl putzen, waschen und in Streifen hobeln. In einem großen Topf 1 EL Öl erhitzen und die Hälfte der Zwiebeln darin glasig dünsten. Den Rotkohl einstreuen und unter ständigem Rühren bei stärkster Hitze 10 Min. dünsten.

2. Die Äpfel schälen, vierteln und das Kerngehäuse entfernen. Die Viertel klein schneiden, unter den Kohl heben und kurz mitdünsten. Essig und Traubensaft angießen. Das Johannisbeergelee und die Lorbeerblätter einrühren. Alles zugedeckt bei schwacher Hitze mindestens 30 Min. garen. Dabei gelegent-

lich umrühren. Den Rotkohl mit Salz, Pfeffer, Zimt und Nelken abschmecken.

3. Für das Pilzragout die Champignons trocken abreiben, putzen und in dünne Scheiben schneiden. Die Blättchen im Mehl wenden. 1 EL Öl erhitzen und die restlichen Zwiebeln darin glasig dünsten. Die Pilze mit dem Mehl zugeben und bei mittlerer Hitze ca. 2 Min. dünsten. Mit Apfelsaft ablöschen und offen bei schwacher Hitze 15 Min. einkochen lassen. Das Ragout mit Salz und Pfeffer würzen und zum Rotkohl servieren. Dazu schmecken Bratkartoffeln.

Nährwerte pro Portion:

220 kcal • **7 g** Eiweiß • **6 g** Fett • **31 g** Kohlenhydrate

Hirse mit Tomaten und Gewürzgurken

Für 2 PERSONEN

100 g Hirse
1 kleine gelbe Paprikaschote
2 reife Tomaten
2 Gewürzgurken (150 g)
4 Zweige Thymian
2 EL Olivenöl
1 Knoblauchzehe
2 EL mildes Ajvar (Paprikapüree)
Jodsalz, Pfeffer

ZUBEREITUNG: ca. 15 Min.

1. Die Hirse in 200 ml kochendes Wasser streuen und zugedeckt bei schwacher Hitze ca. 15 Min. quellen lassen.

2. Inzwischen die Paprika waschen, halbieren und putzen. Dabei die Kerne und weißen Innenhäute entfernen. Die Hälften in Streifen schneiden. Die Tomaten waschen und die Stielansätze entfernen. Die Früchte in kleine Würfel schneiden. Die Gurken in dünne Scheiben schneiden. Den Thymian waschen, trocken schütteln und die Blättchen abzupfen.

3. Das Öl in einer Pfanne erhitzen. Den Knoblauch schälen, ins Öl pressen und dünsten. Die Gemüse und den Thymian zugeben. Alles bei mittlerer Hitze 4 Min. unter Rühren dünsten. Ajvar unterheben und weitere 4 Min. dünsten. Das Gemüse mit Salz und Pfeffer würzen.

4. Die Hirse abgießen und mit Salz und Pfeffer würzen. Unter die Gemüsepfanne mischen.

Nährwerte pro Portion:

330 kcal • **7 g** Eiweiß • **13 g** Fett • **47 g** Kohlenhydrate

Gefüllte Reis-Tomaten

FÜR 2 PERSONEN

250 ml Gemüsebrühe
2 große Tomaten (je 150–200 g)
75 g Langkornreis
1 kleine Möhre
1 kleine Knoblauchzehe
1 Frühlingszwiebel
1/4 Bund Petersilie
Jodsalz, Pfeffer
1/4 TL edelsüßes Paprikapulver

ZUBEREITUNG: ca. 35 Min.
BACKEN: ca. 15 Min.

1. Die Brühe aufkochen. Die Tomaten waschen und jeweils einen Deckel abschneiden. Das Innere mit einem Messer lösen und mit einem Teelöffel herausheben. Das Innere zur Brühe geben, die Tomaten mit Deckel beiseitelegen. Den Reis in die kochende Brühe streuen und zugedeckt bei schwacher Hitze 25 Min. garen.

2. Möhre und Knoblauch schälen. Die Frühlingszwiebel waschen und putzen. Den hellen Teil mit der Möhre und dem Knoblauch sehr fein hacken. Unter den Reis heben und mitgaren.

3. Den Backofen auf 200° vorheizen. Die Petersilie waschen, trocken schütteln und die Blätter fein hacken. Unter den Reis mischen. Den Gemüsereis mit Salz, Pfeffer und Paprikapulver pikant abschmecken. Die Tomaten damit füllen und die Deckel auflegen.

4. Den restlichen Reis in einer Auflaufform verteilen und die Tomaten daraufsetzen. Im Ofen (Mitte, Umluft 180°) ca. 15 Min. backen. Die gefüllten Tomaten mit dem Reis servieren.

TIPP

Bereiten Sie die Reis-Tomaten doch mal mit 4 kleinen Tomaten zu. So haben Sie im Nu eine leckere Gemüsebeilage für 4 Personen.

Nährwerte pro Portion:

165 kcal • **5 g** Eiweiß • **1 g** Fett • **35 g** Kohlenhydrate

Caponata

FÜR 2 PERSONEN

250 g Auberginen
1 kleine rote Zwiebel
250 g Tomaten
1/2 Fenchelknolle
2 EL Olivenöl
2 EL Kapern (aus dem Glas)
1 EL Zucker
5 EL Balsamico-Essig
Jodsalz, Pfeffer

ZUBEREITUNG: ca. 20 Min.

1. Die Auberginen waschen, putzen und in große Würfel schneiden. Die Zwiebel schälen und sehr fein hacken. Die Tomaten waschen und die Stielansätze entfernen. Die Früchte in kleine Stücke schneiden. Den Fenchel waschen, putzen und in feine Streifen schneiden.

2. Das Öl in einer Pfanne erhitzen. Die Auberginen und die Zwiebel darin rundum anbraten. Die Fenchelstreifen und Kapern einrühren und 3 Min. mitdünsten. Das Gemüse mit Zucker bestreuen und mit Essig ablöschen.

3. Die Tomatenstücke unterheben und das Gemüse zugedeckt ca. 2 Min. schmoren. Mit Salz und Pfeffer würzen.

TIPP

Die Caponata heiß, lauwarm oder kalt servieren, z. B. als Vorspeise. Mit Reis oder Nudeln machen Sie daraus schnell ein sättigendes Hauptgericht.

Nährwerte pro Portion:

160 kcal • **3 g** Eiweiß • **11 g** Fett • **13 g** Kohlenhydrate

Möhren-Kartoffel-Plätzchen

FÜR 2 PERSONEN

1 Bund Schnittlauch
200 g Möhren
400 g mehligkochende Kartoffeln
1 EL Tomatenmark
2 EL Ei-Ersatzpulver
Jodsalz, Pfeffer
Kartoffelstärke (bei Bedarf)
3 EL Rapsöl

ZUBEREITUNG: ca. 25 Min.

1. Den Schnittlauch waschen, trocken schütteln und fein schneiden. Die Möhren putzen und schälen. Die Kartoffeln waschen und schälen. Die Möhren fein, die Kartoffeln grob raspeln.

2. Die Gemüseraspel mit Tomatenmark, Ei-Ersatzpulver und dem Schnittlauch vermischen. Den Teig mit Salz und Pfeffer würzen. Ist der Teig sehr weich, etwas Kartoffelstärke unterrühren.

3. Das Öl in einer großen Pfanne erhitzen. Pro Plätzchen 1 EL Kartoffelmasse abnehmen und in die Pfanne geben. Die Plätzchen von beiden Seiten goldbraun braten. Herausnehmen und auf Küchenpapier abtropfen lassen. Dazu schmeckt ein kräftiger Blattsalat.

TIPP

Sie vertragen Eier problemlos? Dann tauschen Sie das Ei-Ersatzpulver doch gegen 2 Eier. Als Beilage serviert, reichen die Plätzchen für 4 Personen.

Nährwerte pro Portion:

310 kcal • **5 g** Eiweiß • **16 g** Fett • **37 g** Kohlenhydrate

Spinat-Taler

FÜR 2 PERSONEN

200 g tiefgekühlter Blattspinat
Jodsalz
350 g mehligkochende Kartoffeln
2 EL Ei-Ersatzpulver
1 Knoblauchzehe
Pfeffer
Muskatnuss
Kartoffelstärke (bei Bedarf)
3 EL Rapsöl
ZUBEREITUNG: ca. 25 Min.

1. Den Spinat kurz in wenig kochendem Salzwasser auftauen lassen. In ein Sieb gießen und abtropfen lassen. Die Blätter grob hacken. Die Kartoffeln waschen, schälen und grob reiben. Mit dem Spinat und Ei-Ersatzpulver verrühren.

2. Den Knoblauch schälen und zur Spinat-Kartoffel-Mischung pressen. Den Mix mit Salz, Pfeffer und Muskat würzen und zu einem Teig verkneten. Ist der Teig sehr weich, etwas Kartoffelstärke unterkneten.

3. Aus dem Teig 6 flache Taler formen. Das Öl in einer großen Pfanne erhitzen und die Taler darin von beiden Seiten goldbraun braten.

TIPP

Diese leckeren Taler sind ideal gegen den kleinen Hunger zwischendurch oder als Beilage für 4 Personen. Auch bei diesem Rezept gilt: Wer nicht unter einer Ei-Allergie leidet, kann das Ei-Ersatzpulver gegen 2 Eier tauschen.

Nährwerte pro Portion:

290 kcal • 6 g Eiweiß • 15 g Fett • 33 g Kohlenhydrate

Spaghetti mit rotem Pesto

FÜR 2 PERSONEN

300 g Spaghetti (ohne Gluten und Ei)
Jodsalz
2 Knoblauchzehen
200 g getrocknete Tomaten in Öl (aus dem Glas)
200 ml Gemüsebrühe
1 EL Zitronensaft
60 g Tomatenmark
2 Stängel Basilikum
ZUBEREITUNG: ca. 15 Min.

1. Die Nudeln nach Packungsangabe in kochendem Salzwasser bissfest garen.

2. Den Knoblauch schälen und grob hacken. Die Tomaten in einem Sieb abtropfen lassen, dabei das Öl auffangen. Die Tomaten grob würfeln. Die Tomaten- und Knoblauchwürfel mit Brühe, Zitronensaft, Tomatenmark und 3 EL Tomatenöl im Mixer oder mit dem Pürierstab zu einer feinen Paste pürieren.

3. Das Basilikum waschen, trocken schütteln und die Blätter abzupfen. Die Spaghetti abgießen und abtropfen lassen. Die Nudeln auf zwei Teller verteilen und je 1 Klecks Pesto daraufsetzen. Mit den Basilikumblättern bestreuen und sofort servieren.

TIPP

Besteht keine Unverträglichkeit gegen Gluten, können Sie auch ganz normale eifreie Hartweizen-Spaghetti verwenden. Und wer zudem auch keine Ei-Allergie hat, spart sich beim Nudelkauf den Blick auf die Zutatenliste.

Nährwerte pro Portion:

825 kcal • 34 g Eiweiß • 5 g Fett • 160 g Kohlenhydrate

Vegetarische Hauptgerichte

Tagliatelle mit Auberginen

FÜR 2 PERSONEN

1/2 Aubergine
1 Tomate
1 Zwiebel
1 EL Olivenöl
1 EL Tomatenmark
100 ml Gemüsebrühe
Jodsalz, Pfeffer
1/2 TL Rosenpaprikapulver
1 TL Balsamico-Essig
300 g Tagliatelle (ohne Gluten und Ei)
1/2 Bund glatte Petersilie
ZUBEREITUNG: ca. 20 Min.

1. Die Auberginenhälfte waschen, putzen und in 1 cm große Würfel schneiden. Die Tomate waschen, halbieren und den Stielansatz entfernen. Die Hälften in Würfel schneiden. Die Zwiebel schälen und fein hacken.

2. Das Öl erhitzen und die Zwiebel darin glasig dünsten. Die Auberginenwürfel einrühren und bei schwacher Hitze 3 Min. mitdünsten. Die Tomatenwürfel zugeben und 2 Min. weiterdünsten. Tomatenmark und Brühe verquirlen und zum Gemüse gießen. Die Sauce mit Salz, Pfeffer, Paprika-

pulver und Essig würzen. Bei schwacher Hitze weitere 10 Min. garen.

3. Inzwischen die Nudeln nach Packungsangabe in kochendem Salzwasser bissfest garen. Abgießen und abtropfen lassen.

4. Die Petersilie waschen, trocken schütteln und die Blätter fein hacken. Die Tagliatelle auf zwei Teller verteilen und die Auberginensauce daraufgeben. Mit Petersilie bestreuen und sofort servieren.

Nährwerte pro Portion:

625 kcal • 21 g Eiweiß • 7 g Fett • 118 g Kohlenhydrate

Nudeln mit Tomaten-Pilz-Sauce

FÜR 2 PERSONEN

150 g Champignons
2 Zwiebeln
2 Knoblauchzehen
2 EL Olivenöl
2 EL Tomatenmark
5 Zweige Oregano
1 Zweig Rosmarin
150 ml Gemüsebrühe
200 g Tomatenpüree (Fertigprodukt)
300 ml Reisdrink
Jodsalz, Pfeffer
1 TL mildes Currypulver
300 g Nudeln (ohne Gluten und Ei)
4 Stängel Basilikum
ZUBEREITUNG: ca. 40 Min.

1. Die Champignons trocken abreiben, putzen und in feine Scheiben schneiden. Die Zwiebeln und den Knoblauch schälen und fein hacken.

2. Das Öl in einer Pfanne erhitzen. Zwiebeln, Knoblauch und Tomatenmark darin dünsten. Oregano und Rosmarin waschen, trocken schütteln und die Blätter und Nadeln abzupfen. Beides grob hacken und über die Zwiebeln streuen. Die Pilze einrühren und dünsten. Brühe angießen und das Gemüse bei schwacher Hitze ca. 15 Min. schmoren lassen, bis die Flüssigkeit fast vollständig verdunstet ist.

3. Das Tomatenpüree und den Reisdrink kräftig unterrühren. Die Sauce mit Salz, Pfeffer und Currypulver würzen und bei schwacher Hitze sanft weiterkochen lassen.

4. Die Nudeln nach Packungsangabe in kochendem Salzwasser bissfest garen. Abgießen und abtropfen lassen. Basilikum waschen, trocken schütteln und die Blätter fein hacken. Mit der Pilzsauce unter die Nudeln heben. Sofort servieren.

Nährwerte pro Portion:

785 kcal • 26 g Eiweiß • 14 g Fett • 127 g Kohlenhydrate

Spitzkohl-Hirse-Rouladen

FÜR 2 PERSONEN

1 kleiner Spitzkohl (ca. 600 g)
75 g Hirse
300 ml Gemüsebrühe
1/2 Bund Schnittlauch
1 kleine Zwiebel
1 Knoblauchzehe
1 kleiner Kohlrabi
2 EL Rapsöl
5 EL mildes Ajvar (Paprikapüree)
Jodsalz, Pfeffer
Muskatnuss
Küchengarn

ZUBEREITUNG: ca. 45 Min.
GAREN: ca. 20 Min.

1. Den Spitzkohl putzen und äußere welke Blätter entfernen. Den Kopf waschen und ca. 2 Min. in kochendem Wasser garen. Herausheben, abtropfen lassen und 8 Blätter ablösen. Auf der Arbeitsfläche ausbreiten und dicke Blattrippen flach schneiden. Den restlichen Kopf in dünne Streifen schneiden.

2. Die Hirse in 150 ml kochende Brühe streuen und zugedeckt bei sehr schwacher Hitze ca. 15 Min. quellen lassen. Den Schnittlauch waschen, trocken schütteln und fein schneiden. Zwiebel und Knoblauch schälen und fein hacken. Den Kohlrabi dünn schälen und grob raspeln.

3. In einer Pfanne 1 TL Öl erhitzen und die Zwiebel und den Knoblauch darin glasig dünsten. Die Kohlrabiraspel einstreuen und ca. 3 Min. mitdünsten. Das Gemüse mit Ajvar und der Hälfte des Schnittlauchs unter die Hirse heben. Mit Salz und Pfeffer würzen und abkühlen lassen.

4. Je 2 Kohlblätter überlappend aufeinanderlegen. Das Hirsegemüse darauf verteilen und die Blätter vorsichtig aufrollen. Mit Küchengarn fixieren.

5. Das restliche Öl in einem großen Topf erhitzen und die Rouladen darin rundum anbra-

ten. 150 ml Brühe angießen und die Kohlstreifen einstreuen. Zugedeckt bei schwacher Hitze 20 Min. dünsten. Die Rouladen herausheben. Den Kohl kräftig mit Salz, Pfeffer und Muskat würzen und auf zwei Teller verteilen. Die Rouladen darauf anrichten und mit dem restlichen Schnittlauch bestreuen.

TIPP

Kleine Spitzkohlköpfe gibt's im Bioladen. Wenn Sie nur einen normal großen bekommen, verwenden Sie die Hälfte der Kohlstreifen anstelle des Kohlrabi für das Gemüsegulasch (siehe Seite 72). Oder Sie lösen 4 schöne große Blätter plus 1–2 für das Gemüse ab.

VARIANTE

Reichen Sie zu den Rouladen noch eine Sauce. Dafür die Rouladen mit 250 ml Brühe garen. Die fertigen Rouladen herausnehmen und warm stellen. Den Sud mit 50 g Frischkäse (0,2 % Fett) kurz unter Rühren erhitzen. Mit 1 EL Ajvar, Salz, Pfeffer und Muskat würzen.

Nährwerte pro Portion:

330 kcal • **9 g** Eiweiß • **13 g** Fett • **44 g** Kohlenhydrate

Gemüsegulasch

FÜR 2 PERSONEN

150 g Kartoffeln
1 große Möhre
1 Kohlrabi
1 Zwiebel
1 Knoblauchzehe
1 TL Olivenöl
2 Tomaten (200 g)
50 ml Gemüsebrühe
200 g Champignons
Jodsalz, Pfeffer
1/2 TL mildes Currypulver
1 Bund glatte Petersilie

ZUBEREITUNG: ca. 40 Min.

1. Kartoffeln, Möhre und Kohlrabi dünn schälen und in ca. 2 cm große Würfel schneiden. Zwiebel schälen und sehr fein hacken. Knoblauch schälen und durchpressen.

2. Das Öl erhitzen und die Zwiebel und den Knoblauch darin glasig dünsten. Die Gemüsewürfel einrühren und bei schwacher Hitze 5 Min. mitdünsten.

3. Die Tomaten waschen, halbieren und die Stielansätze entfernen. Die Hälften in kleine Würfel schneiden. Ins Gemüse rühren und mitdünsten. Die Brühe angießen und alles bei schwacher Hitze 5 Min. weiterdünsten.

4. Die Champignons trocken abreiben, putzen und in kleine Stücke schneiden. Ins Gemüse rühren. Das Gulasch mit Salz, Pfeffer und Currypulver würzen und bei schwacher Hitze noch 3 Min. einkochen lassen. Die Petersilie waschen, trocken schütteln und die Blätter grob hacken. Über das Gemüsegulasch streuen.

TIPP

Sie können das Gulasch mit etwas Sojasauce und Kokoscreme verfeinern – natürlich nur, wenn Sie nicht unter einer Sojaallergie leiden.

Nährwerte pro Portion:

125 kcal • **7 g** Eiweiß • **3 g** Fett • **17 g** Kohlenhydrate

Türkischer Pilaw mit Champignons

FÜR 2 PERSONEN

100 g Champignons
1 Zwiebel
100 ml Gemüsebrühe
150 ml Apfelsaft
1 Lorbeerblatt
1 EL Rapsöl
100 g Langkornreis
1 EL ungeschwefelte Rosinen
Jodsalz
Zimt
edelsüßes Paprikapulver

ZUBEREITUNG: ca. 20 Min.
GAREN: ca. 35 Min.

1. Die Champignons trocken abreiben und putzen. Große Pilze halbieren. Die Zwiebel schälen und fein hacken. Die Brühe mit Apfelsaft und dem Lorbeerblatt aufkochen.

2. Den Backofen auf 180° vorheizen. Das Öl in einem Topf erhitzen und den Reis darin glasig dünsten. Die Zwiebel einrühren und kurz mitdünsten. Den Reis und die Pilze in einer kleinen Auflaufform verteilen. Die heiße Brühe angießen und die Rosinen darüberstreuen. Mit Salz, Zimt und Paprikapulver würzen.

3. Den Pilaw im Ofen (unten, Umluft 160°) ca. 35 Min. garen.

TIPP

Sie vertragen und mögen Mandeln? Dann bestreuen Sie den Pilaw vor dem Servieren ganz stilecht mit 2 EL frisch gerösteten Mandeln.

Nährwerte pro Portion:

290 kcal • **5 g** Eiweiß • **6 g** Fett • **55 g** Kohlenhydrate

Überbackener **Fenchel**

FÜR 2 PERSONEN

2 kleine Fenchelknollen
1/2 Bio-Zitrone
1 kleine Dose geschälte Tomaten
(200 g Einwaage)
Jodsalz, Pfeffer
1/2 Bund glatte Petersilie
5 Zweige Thymian
5 Zweige Oregano
1 kleine Zwiebel
1 Knoblauchzehe
2 EL Olivenöl
4 EL Maisgrieß
400 g Kartoffeln
Öl für die Form

ZUBEREITUNG: ca. 45 Min.
GAREN: ca. 30 Min.

1. Den Fenchel waschen und längs halbieren. Die Hüllschalen und harten Stiele entfernen, das Fenchelgrün beiseitelegen.

2. Die Zitrone auspressen. 1 l Wasser mit dem Zitronensaft aufkochen. Den Fenchel darin 20 Min. garen. Herausheben und abtropfen lassen. Den Sud aufbewahren.

3. Den Backofen auf 200° vorheizen. Eine Auflaufform fetten. Die Tomaten abtropfen lassen und grob zerteilen. Den Fenchel in die Form legen. Mit 100 ml Fenchelsud beträufeln und mit den Tomatenstücken belegen. Mit Salz und Pfeffer würzen.

4. Petersilie, Thymian, Oregano und das Fenchelgrün waschen, trocken schütteln und sehr fein schneiden. Zwiebel und Knoblauch schälen und fein hacken. Das Öl erhitzen und die Zwiebel- und Knoblauchwürfel darin erwärmen. Den Grieß mitrösten. Die Kräuter unterrühren. Den Kräutergrieß auf dem Fenchel verteilen. Abgedeckt im Ofen (Mitte, Umluft 180°) ca. 30 Min. garen.

5. Die Kartoffeln waschen und in Wasser zugedeckt ca. 25 Min. garen. Abgießen und ausdampfen lassen. Die Knollen pellen, salzen und zum Fenchel servieren.

Nährwerte pro Portion:

345 kcal • 9 g Eiweiß • 13 g Fett • 47 g Kohlenhydrate

Kartoffel-Spinat-Auflauf

FÜR 2 PERSONEN

2 Kartoffeln
200 g Blattspinat (frisch oder tiefgekühlt)
Jodsalz
1 kleine Zwiebel
1 EL + 3 TL Rapsöl
150 ml Reisdrink
3 TL Kartoffelstärke
Pfeffer
Muskatnuss
Öl für die Form

ZUBEREITUNG: ca. 35 Min.
GAREN: ca. 20 Min.

1. Die Kartoffeln waschen und in Wasser zugedeckt ca. 25 Min. garen. Abgießen und ausdampfen lassen. Die Knollen pellen und in Scheiben schneiden.

2. Den Spinat putzen und waschen. In kochendem Salzwasser ca. 2 Min. blanchieren. Abgießen und gut ausdrücken. Tiefgekühlten Spinat in einem Topf bei schwacher Hitze antauen lassen. Die austretende Flüssigkeit abgießen.

3. Die Zwiebel schälen und fein hacken. 1 EL Öl erhitzen und die Zwiebel darin glasig dünsten. Den Spinat unterrühren und ca. 5 Min. mitdünsten. Eine Auflauf-

form fetten. Abwechselnd Kartoffeln und Spinat einschichten.

4. Den Backofen auf 220° vorheizen. Den Reisdrink etwas einkochen lassen. Die Stärke und 3 TL Öl mit einer Gabel verkneten. In den Reisdrink rühren. Die Sauce offen unter Rühren einkochen lassen, bis eine cremige Sauce entsteht. Mit Salz, Pfeffer und Muskat würzen und über den Auflauf gießen. Den Auflauf im Ofen (Mitte, Umluft 200°) 15–20 Min. überbacken.

Nährwerte pro Portion:

325 kcal • 6 g Eiweiß • 23 g Fett • 23 g Kohlenhydrate

Ananas-Kohlrabi

FÜR 2 PERSONEN

2 große Kohlrabi
Jodsalz
1 Zwiebel
1/2 Ananas
30 g getrocknete Tomaten
150 ml Gemüsebrühe
100 ml Ananassaft
3 EL Maisgrieß
1/2 TL frisch gehackter Majoran
1 EL Ei-Ersatzpulver
1 EL Rapsöl
Pfeffer
1 TL Kapern (aus dem Glas)
50 g Reis

ZUBEREITUNG: ca. 45 Min.
GAREN: ca. 30 Min.

1. Die Kohlrabi schälen, feine Blättchen beiseitelegen. Jeweils einen Deckel abschneiden. Die Knollen in Salzwasser bei mittlerer Hitze in ca. 30 Min. bissfest garen. Herausheben und etwas abkühlen lassen.

2. Die Zwiebel schälen und hacken. Ananas längs dritteln, schälen und den Strunk entfernen. Das Fruchtfleisch fein würfeln. Tomaten fein hacken.

3. Brühe, Ananassaft und Grieß unter Rühren aufkochen. Tomaten, Majoran und Ei-Ersatzpulver einrühren und 10 Min. quellen lassen. Abkühlen lassen.

4. Backofen auf 200° vorheizen. Die Kohlrabi bis auf einen schmalen Rand aushöhlen. Das Fruchtfleisch klein schneiden. Öl erhitzen und die Zwiebel darin 2 Min. dünsten. Kohlrabi- und Ananasfruchtfleisch 4 Min. mitgaren. Unter den Grieß heben, mit Salz, Pfeffer und Kapern pikant würzen. Die Kohlrabi mit einem Teil der Masse füllen und in eine Auflaufform setzen. Im Ofen (Mitte, 180°) ca. 30 Min. garen.

5. Reis in 150 ml kochendes Salzwasser streuen. Zugedeckt bei schwacher Hitze 20 Min. quellen lassen. Die restliche Grießmischung unterheben. Die Kohlrabiblätter fein hacken und über die Kohlrabi streuen. Mit dem Reis servieren.

Nährwerte pro Portion:

715 kcal • **18 g** Eiweiß • **13 g** Fett • **132 g** Kohlenhydrate

Auberginen-Tomaten-Auflauf

FÜR 2 PERSONEN

1 Aubergine (200 g)
200 g Tomaten
Jodsalz, Pfeffer
1/2 Bund Basilikum
4 Zweige Thymian
7 EL Tomatensaft
1 TL Olivenöl + Öl für die Form
1 EL feiner Maisgrieß
Rosenpaprikapulver

ZUBEREITUNG: ca. 25 Min.
GAREN: ca. 30 Min.

1. Die Aubergine waschen, putzen und in reichlich Wasser ca. 25 Min. kochen.

2. Den Backofen auf 180° vorheizen. Eine Auflaufform mit Öl auspinseln. Die Tomaten waschen und die Stielansätze entfernen. Die Früchte in dünne Scheiben schneiden. Die Aubergine herausheben und kurz abkühlen lassen. Die Frucht ebenfalls in dünne Scheiben schneiden. Die Gemüsescheiben abwechselnd in die Form schichten und mit Salz und Pfeffer bestreuen.

3. Basilikum und Thymian waschen, trocken schütteln und die Blätter grob hacken. Mit Tomatensaft, Öl und Grieß verrühren. Den Mix kräftig mit Salz, Pfeffer und etwas Paprikapulver würzen und über das Gemüse gießen. Den Auflauf im Ofen (Mitte, Umluft 160°) ca. 30 Min. backen.

TIPP

Wer Schafkäse verträgt, streut vor dem Backen noch 100 g in Würfelchen geschnitten über den Auflauf.

Nährwerte pro Portion:

110 kcal • **2 g** Eiweiß • **8 g** Fett • **8 g** Kohlenhydrate

Pfannkuchen-Wraps mit Gemüse

FÜR 2 PERSONEN

50 g Teffmehl (Zwerghirse)
25 g Buchweizenmehl
3 TL Kartoffelstärke
3 TL Ei-Ersatzpulver
1 sehr kleine Aubergine
1 kleiner Zucchino
1 Frühlingszwiebel
2 EL Olivenöl
Jodsalz, Pfeffer
4 kleine Salatblätter
100 g mildes Ajvar (Paprikapüree)
1 EL Tomatenmark

ZUBEREITUNG: ca. 20 Min.
QUELLEN: ca. 30 Min.

TIPP

Nach diesem Grundrezept können Sie ganz ohne Gluten und Ei süße und pikante Pfannkuchengerichte zubereiten.

1. Das Teffmehl mit Buchweizenmehl, Stärke, Ei-Ersatzpulver und 350 ml Wasser gut mit dem Schneebesen verquirlen. Den Teig 30 Min. quellen lassen.

2. Aubergine, Zucchino und Frühlingszwiebel waschen, putzen und in lange Streifen schneiden. In einer Pfanne 1 EL Öl erhitzen und die Gemüsestreifen darin rundum anbraten. Salzen und pfeffern. Die Salatblätter waschen und trocken tupfen.

3. Den Pfannkuchenteig mit Salz und etwas Pfeffer würzen. In einer beschichteten Pfanne einige Tropfen Öl erhitzen. 1 Kelle voll Teig hineingießen und rasch in der Pfanne schwenken. Den Pfannkuchen bei schwacher bis mittlerer Hitze langsam backen. Vorsichtig wenden und die zweite Seite backen. Auf diese Weise noch 3 Pfannkuchen backen. Dabei jeweils einige Tropfen Öl in die Pfanne geben.

4. Ajvar und Tomatenmark verrühren und mit 1 Prise Salz würzen. Die Pfannkuchen mit der Ajvarcreme bestreichen, mit je 1 Salatblatt und dem angebratenen Gemüse belegen. Die Längsseiten über das Gemüse klappen und die Wraps fest aufrollen. Zum Servieren in der Mitte quer durchschneiden.

VARIANTE

Für Mexikofans gibt's **Tex-Mex-Wraps:** Dafür 80 g Maismehl und 20 g Kichererbsenmehl (Reformhaus) mit 200 ml Mineralwasser verquirlen. 4 EL Rapsöl einrühren und mit Jodsalz würzen. Den Teig 30 Min. quellen lassen. 1/2 kleine Avodaco schälen und in Würfelchen schneiden. 4 Frühlingszwiebeln waschen, putzen und mit Grün in feine Ringe schneiden. 1 Tomate waschen, den Stielansatz entfernen und in kleine Würfel schneiden. Mit Avocado und Frühlingszwiebeln mischen. Mit 1 TL Zitronensaft, wenig Chilipulver, Jodsalz und Pfeffer würzen. Die Salsa im Backofen bei 80° warm stellen. Aus dem Teig wie beschrieben 4 Pfannkuchen backen. Die Fladen jeweils zur Hälfte mit Salsa bestreichen und zusammenklappen.

Nährwerte pro Portion:

350 kcal • 6 g Eiweiß • 14 g Fett • 50 g Kohlenhydrate

Knusper-Frikadellen mit Gurkengemüse

FÜR 2 PERSONEN

2 kleine Zwiebeln
50 g Reiswaffeln
100 g gemischtes Hackfleisch
2 EL Ei-Ersatzpulver
1/2 TL Zitronensaft
Jodsalz, Pfeffer
2 EL Rapsöl
4 Cocktailtomaten
1 Salatgurke
100 ml Gemüsebrühe
1 EL Kartoffelstärke
1/2 Bund Dill

ZUBEREITUNG: ca. 40 Min.

1. Die Zwiebeln schälen und fein hacken. Die Reiswaffeln in einem Gefrierbeutel mit dem Nudelholz fein zerdrücken. Die Brösel mit Hackfleisch, Ei-Ersatzpulver, Zitronensaft und der Hälfte der Zwiebeln mischen. Kräftig mit Salz und Pfeffer würzen. Aus dem Teig Bällchen formen. Das Öl in einer beschichteten Pfanne erhitzen und die Frikadellen darin rundum ca. 3 Min. braten.

2. Die Tomaten waschen, die Stielansätze entfernen und die Früchte vierteln. Die Gurke schälen, längs halbieren und die Kerne herausschaben. Die Hälften in Scheiben schneiden.

3. Die Gurken mit den restlichen Zwiebeln in etwas Brühe bei schwacher Hitze 5 Min. dünsten. Die restliche Brühe mit der Stärke verquirlen und zu den Gurken gießen. Das Gemüse einmal aufkochen und mit Salz und Pfeffer würzen. Die Frikadellen und Tomatenwürfel zum Gemüse geben und kurz erwärmen.

4. Den Dill waschen, trocken schütteln und die Spitzen fein hacken. Über die Frikadellen streuen. Dazu schmecken Kartoffeln.

Nährwerte pro Portion:

435 kcal • 12 g Eiweiß • 21 g Fett • 44 g Kohlenhydrate

Schinken-Tomaten

FÜR 2 PERSONEN

2 große Tomaten
1/2 Bund Petersilie
1 kleiner Zweig Rosmarin
50 g gekochter Schinken
2 Reiswaffeln
2 TL mildes Ajvar (Paprikapüree)
Jodsalz, Pfeffer

ZUBEREITUNG: ca. 20 Min.
GAREN: ca. 10 Min.

1. Den Backofen auf 200° vorheizen. Die Tomaten waschen und jeweils einen Deckel abschneiden. Die Früchte vorsichtig mit einem Löffel aushöhlen, das Innere beiseitelegen.

2. Petersilie und Rosmarin waschen und trocken schütteln. Die Blättchen und Nadeln fein schneiden. Den Schinken in kleine Würfel schneiden. Die Reiswaffeln sehr fein hacken. Mit den Kräutern, dem Schinken, Ajvar und dem Tomateninneren mischen. Mit Salz und Pfeffer würzen.

3. Die Tomaten mit einem Teil der Bröselmasse füllen und im Ofen (Mitte, Umluft 180°) ca. 10 Min. überbacken. Die restliche Bröselmasse in wenig Wasser bei schwacher Hitze ca. 5 Min. dünsten. Zu den Schinken-Tomaten servieren.

TIPP

Die Schinken-Tomaten sind ein leichtes Gericht für den Abend. Mit kleineren Tomaten zubereitet, schmecken sie auch als Gemüsebeilage. Die Reiswaffeln können Sie zur Abwechslung durch 4 EL gekochten Reis ersetzen.

Nährwerte pro Portion:

90 kcal • 6 g Eiweiß • 1 g Fett • 12 g Kohlenhydrate

Lauch-Schinken-Pfanne mit Röhrennudeln

FÜR 2 PERSONEN

1 Stange Lauch (150 g)
100 g gekochter Schinken
150 ml Gemüsebrühe
1 EL Rapsöl
Pfeffer
1 TL Zitronensaft
Jodsalz
300 g Röhrennudeln (ohne Gluten und Ei)
1 Bund Schnittlauch

ZUBEREITUNG: ca. 20 Min.

1. Den Lauch putzen und das dunkle Grün entfernen. Die Stange längs aufschneiden, sorgfältig waschen und in schmale Ringe schneiden. 50 g Schinken in Streifen schneiden, 50 g Schinken mit der Brühe im Mixer oder mit dem Pürierstab fein pürieren.

2. Das Öl in einer tiefen Pfanne erhitzen und die Schinkenstreifen kurz darin anbraten. Den Lauch einstreuen und 5 Min. mitbraten. Die Brühe angießen und alles offen bei mittlerer Hitze unter Rühren 5 Min. kochen lassen. Mit Pfeffer und Zitronensaft abschmecken.

3. Die Nudeln nach Packungsangabe in kochendem Salzwasser bissfest garen. Den Schnittlauch waschen, trocken schütteln und in feine Ringe schneiden. Die Nudeln abgießen und gut abtropfen lassen. Mit dem Schnittlauch unter die Lauch-Schinken-Creme heben.

TIPP

Wenn Ei und Gluten keine Beschwerden bereiten, dürfen es auch ganz gewöhnliche Eiernudeln sein.

Nährwerte pro Portion:

675 kcal • 31 g Eiweiß • 10 g Fett • 115 g Kohlenhydrate

Mais-Hackfleisch-Gratin

FÜR 2 PERSONEN

1 große rote Paprikaschote
100 g Baby-Maiskolben
1 rote Zwiebel
2 TL Olivenöl + Öl für die Form
140 g Maiskörner (aus der Dose)
1/2 Bund Basilikum
150 g gemischtes Hackfleisch
100 g Tomatenpüree (Fertigprodukt)
Jodsalz, Pfeffer
edelsüßes Paprikapulver
1 EL Ei-Ersatzpulver

ZUBEREITUNG: ca. 25 Min.
GAREN: ca. 40 Min.

1. Die Paprika waschen, halbieren und putzen. Dabei die Kerne und weißen Innenhäute entfernen. Die Hälften in schmale Streifen schneiden. Die Maiskolben waschen und putzen. Die Zwiebel schälen und hacken. 1 TL Öl erhitzen und die Zwiebel darin glasig dünsten. Die Paprikastreifen und die Maiskolben zugeben und bei mittlerer Hitze ca. 3 Min. garen.

2. Den Backofen auf 180° vorheizen. Eine kleine Gratinform mit Öl auspinseln. Die Maiskörner abgießen und abtropfen lassen. Das Basilikum waschen, trocken schütteln und die Blätter grob hacken. 1 TL Öl erhitzen und das Hackfleisch darin bei mittlerer Hitze in ca. 4 Min. krümelig braten. Die Maiskörner einrühren und 1 Min. erhitzen. Das Tomatenpüree zugießen und das Basilikum unterrühren. Die Sauce mit Salz, Pfeffer und Paprikapulver würzen. Das Ei-Ersatzpulver unterziehen.

3. Die Paprika-Mais-Mischung in die Form füllen und mit der Hackfleischsauce übergießen. Das Gratin im Ofen (Mitte, Umluft 160°) ca. 40 Min. backen.

Nährwerte pro Portion:

585 kcal • 24 g Eiweiß • 28 g Fett • 59 g Kohlenhydrate

Kartoffel-Lauch-Auflauf

FÜR 2 PERSONEN

400 g Lauch
250 ml Geflügelbrühe
150 g Kartoffeln
1 Lorbeerblatt
Jodsalz, Pfeffer
Muskatnuss
1 kleine Zwiebel
150 g gemischtes Hackfleisch
1 TL Rapsöl

ZUBEREITUNG: ca. 25 Min.
GAREN: ca. 30 Min.

1. Den Lauch putzen und das dunkle Grün entfernen. Die Stangen längs aufschneiden und sorgfältig waschen. Den Lauch in kurze Stücke schneiden. Die Brühe aufkochen und die Lauchstücke darin bei schwacher Hitze 10 Min. garen. Die Kartoffeln waschen, schälen und in kleine Würfel schneiden. Zum Lauch geben und weitere 10 Min. garen. Das Lorbeerblatt zufügen und das Gemüse mit Salz, Pfeffer und Muskat würzen.

2. Die Zwiebel schälen und fein hacken. Das Hackfleisch kräftig mit Zwiebel, Salz und Pfeffer würzen. Das Öl in einer Pfanne erhitzen und das Hackfleisch darin krümelig braten.

3. Den Backofen auf 180° vorheizen. Das Gemüse abgießen, die Brühe auffangen. Zum Fleisch gießen und kurz einkochen lassen.

4. Die Gemüsewürfel in eine kleine Auflaufform füllen. Das Hackfleisch mit der Sauce darüber verteilen. Den Auflauf im Ofen (unten, Umluft 160°) ca. 30 Min. garen.

VARIANTE

Wer Käse verträgt, streut vor dem Backen noch 50 g grob geriebenen Gouda über den Auflauf und lässt ihn im Ofen goldgelb zerlaufen.

Nährwerte pro Portion:

330 kcal • 26 g Eiweiß • 19 g Fett • 14 g Kohlenhydrate

Hirse-Kichererbsen-Pfanne mit Putenstreifen

FÜR 2 PERSONEN

70 g getrocknete Kichererbsen
1 kleine Möhre
1 kleiner Kohlrabi
1 Zwiebel
1 Knoblauchzehe
1 Tomate
250 ml Gemüsebrühe
100 g Hirse
1 Stück frischer Ingwer (ca. 2 cm)
1/2 TL mildes Currypulver
Jodsalz, Pfeffer
1/2 Bund glatte Petersilie
200 g Putenschnitzel
1 EL Olivenöl

ZUBEREITUNG: ca. 55 Min.
QUELLEN: ca. 12 Std.

1. Erbsen mindestens 12 Std. oder über Nacht in reichlich Wasser einweichen. Abgießen, mit Wasser bedecken und bei schwacher Hitze 40 Min. garen.

2. Möhre und Kohlrabi putzen, dünn schälen und in kurze Stifte schneiden. Zwiebel und Knoblauch schälen und sehr fein hacken. Tomate waschen, den Stielansatz entfernen und die Frucht in kleine Würfel schneiden.

3. Die Zwiebel-, Knoblauch- und Tomatenwürfel in der Brühe dünsten. Die Möhren- und Kohlrabistifte einstreuen und ca. 5 Min. mitdünsten. Hirse einrühren und zugedeckt bei schwacher Hitze 10 Min. quellen lassen. Ingwer schälen und fein reiben. Mit Currypulver, Salz und Pfeffer unter das Gemüse heben.

4. Die Kichererbsen abgießen und abtropfen lassen. Unter das Hirsegemüse heben. Die Petersilie waschen, trocken schütteln und die Blätter grob hacken.

5. Das Fleisch trocken tupfen. Das Öl erhitzen und die Schnitzel darin von jeder Seite 2 Min. braten. Herausnehmen, in Streifen schneiden und mit Salz und Pfeffer würzen. Mit dem Gemüse auf zwei Tellern anrichten. Mit Petersilie bestreut servieren.

Nährwerte pro Portion:

535 kcal • 37 g Eiweiß • 16 g Fett • 61 g Kohlenhydrate

Puten-Nuggets mit buntem Pfannengemüse

FÜR 2 PERSONEN

1 kleine Aubergine
1/4 Salatgurke
4 Tomaten
1 gelbe Paprikaschote
1 Knoblauchzehe
2 Frühlingszwiebeln
1 EL Olivenöl
4 EL Gemüsebrühe
Jodsalz, Pfeffer
1 TL frisch gehackter Rosmarin
1 EL frisch gehackter Thymian
200 g Putenschnitzel
3 EL Maisgrieß
Paprikapulver
2 EL Rapsöl

ZUBEREITUNG: ca. 35 Min.

1. Die Aubergine, Gurke, Tomaten und Paprika waschen und putzen. Die Stielansätze der Tomaten entfernen. Die Paprika halbieren, Kerne und weiße Innenhäute entfernen. Alle Gemüse in große Würfel schneiden. Knoblauch schälen, Frühlingszwiebeln waschen und putzen. Beides fein hacken.

2. Das Olivenöl erhitzen und die Knoblauch- und Zwiebelwürfel darin glasig dünsten. Die Auberginen- und Paprikawürfel und die Brühe einrühren. Alles bei mittlerer Hitze 5 Min. dünsten. Mit Salz, Pfeffer, Rosmarin und Thymian kräftig abschmecken.

3. Die Gurken- und Tomatenstücke unterheben. Die Gemüsepfanne bei schwacher Hitze noch 5 Min. schmoren lassen.

4. Das Fleisch mit Küchenpapier trocken tupfen und in Stücke schneiden. Den Grieß auf einen Teller streuen. Mit Salz, Pfeffer und wenig Paprikapulver würzen. Die Fleischstücke darin wenden. Das Rapsöl in einer Pfanne erhitzen und die Nuggets darin bei mittlerer Hitze langsam knusprig braten. Mit dem Pfannengemüse servieren.

Nährwerte pro Portion:

350 kcal • **29 g** Eiweiß • **17 g** Fett • **20 g** Kohlenhydrate

Sommergemüse auf Putenschnitzel mit Curryreis

FÜR 2 PERSONEN

2 Putenschnitzel (je ca. 150 g)
Jodsalz
mildes Currypulver
6 EL Grapefruitsaft
6 EL heller Traubensaft
250 ml Gemüsebrühe
100 g Vollkornreis
1 kleine Zwiebel
1 rote Paprikaschote
1 kleiner Kohlrabi
2 EL Rapsöl
100 g Maiskörner (aus der Dose)

ZUBEREITUNG: ca. 40 Min.
MARINIEREN: ca. 1 Std.

1. Die Schnitzel trocken tupfen und flach klopfen. 1/4 TL Salz, 1/2 TL Currypulver, Grapefruit- und Traubensaft verquirlen. Das Fleisch darin 1 Std. marinieren.

2. Die Brühe mit 1/2 TL Currypulver aufkochen. Reis einstreuen und zugedeckt bei schwacher Hitze 40 Min. quellen lassen.

3. Die Zwiebel schälen und fein hacken. Die Paprika waschen, halbieren und putzen. Kerne und weiße Innenhäute entfernen. Die Hälften in dünne Streifen schneiden. Kohlrabi schälen und in kleine Würfel schneiden. In einem Topf 1 EL Öl erhitzen und die Zwiebel- und Kohlrabiwürfel

darin andünsten. Die Paprika zugeben und zugedeckt bei schwacher Hitze 2 Min. garen.

4. Den Mais abtropfen lassen. Mit der Hälfte der Marinade unter das Gemüse rühren. Offen bei schwacher Hitze 8 Min. weitergaren. Mit Salz, Pfeffer und Currypulver abschmecken.

5. Das Fleisch aus der Marinade nehmen und trocken tupfen. 1 EL Öl erhitzen und die Schnitzel darin von beiden Seiten anbraten. Salzen und pfeffern. Den Reis mit Salz und Pfeffer würzen. Zum Gemüse und den Schnitzeln servieren.

Nährwerte pro Portion:

660 kcal • **47 g** Eiweiß • **15 g** Fett • **83 g** Kohlenhydrate

Marinierte Hähnchenbrust

mit Gemüsewürfeln und Basilikumsauce

FÜR 2 PERSONEN

300 g Hähnchenbrustfilet
100 ml Grapefruitsaft
400 ml Geflügelbrühe
2 EL Orangenmarmelade
Jodsalz, Pfeffer
400 g kleine junge Möhren
500 g Kohlrabi
Zucker
1 EL Rapsöl
1/4 Bund Basilikum
1/4 TL Kartoffelstärke
1/2 TL Zitronensaft

ZUBEREITUNG: ca. 30 Min.
MARINIEREN: ca. 12 Std.

1. Das Fleisch mit Küchenpapier trocken tupfen. Grapefruitsaft, 200 ml Brühe, Marmelade, Salz und Pfeffer verquirlen. Das Filet mindestens 12 Std. oder über Nacht darin marinieren.

2. Die Möhren und Kohlrabi putzen, dünn schälen und in kleine Würfel schneiden. Die Gemüsewürfel in 150 ml Brühe bei schwacher Hitze 20 Min. garen. Mit Salz, Pfeffer und etwas Zucker würzen.

3. Das Hähnchenfilet aus der Marinade nehmen und trocken tupfen. Die Marinade beiseitestellen. Das Öl in einer Pfanne erhitzen und das Filet darin von jeder Seite 2 Min. kräftig anbraten. Mit Salz und Pfeffer würzen. Herausnehmen und warm stellen. Die Marinade in die Pfanne gießen und langsam zu einer Sauce einkochen lassen.

4. Das Basilikum waschen, trocken schütteln und die Blätter sehr fein schneiden. Mit 50 ml Brühe, Kartoffelstärke und Zitronensaft kurz aufkochen. Sparsam mit Salz und Pfeffer würzen.

5. Die Basilikumsauce unter das Gemüse ziehen. Das Hähnchenfilet in Scheiben schneiden und auf dem Gemüse anrichten. Mit etwas Sauce beträufeln.

TIPP

Sehr lecker schmeckt die Marinade auch aus je 50 ml Grapefruitsaft und Sojasauce – aber nur, wenn keine Allergie gegen Sojaprodukte besteht!

VARIANTE

Wer Fisch verträgt, kann dieses Rezept statt mit Hähnchenbrustfilet auch mit Thunfischfilet zubereiten. Dabei den marinierten Thunfisch ganz zuletzt bei mittlerer Hitze von jeder Seite 1 Min. garen und sofort servieren. Thunfisch schmeckt am besten, wenn er innen noch nicht ganz durchgebraten ist. Sonst wird er schnell trocken.

Nährwerte pro Portion:

430 kcal • **51 g** Eiweiß • **10 g** Fett • **33 g** Kohlenhydrate

Versteckte **Hähnchenkeulen**

FÜR 2 PERSONEN

2 Zweige Rosmarin
5 Zweige Thymian
2 EL Olivenöl
2 EL Zitronensaft
Jodsalz, Pfeffer
1 große Hähnchenkeule (400 g)
1 Frühlingszwiebel
2 Knoblauchzehen
400 g Cocktailtomaten
300 g Aubergine
1 EL Tomatenmark

ZUBEREITUNG: ca. 35 Min.
MARINIEREN: ca. 1 Std.
GAREN: ca. 40 Min.

1. Rosmarin und Thymian waschen, trocken schütteln und die Nadeln und Blättchen fein hacken. Mit 1 EL Öl und Zitronensaft verrühren, salzen und pfeffern. Die Hähnchenkeule trocken tupfen, mit der Marinade einreiben und 1 Std. kühl stellen.

2. Die Frühlingszwiebel waschen, putzen und den hellen Teil fein hacken. Knoblauch schälen und ebenfalls fein hacken. Tomaten waschen und die Früchte je nach Größe halbieren oder vierteln. Die Aubergine waschen, putzen und in ca. 1 cm große Würfel schneiden. Mit den Zwiebel- und Knoblauchwürfeln, Tomaten und Tomatenmark mischen. Mit Salz und Pfeffer würzen.

3. Den Backofen auf 200° vorheizen. Das Fleisch trocken tupfen. In einer Pfanne 1 EL Öl erhitzen und die Keule darin von beiden Seiten ca. 4 Min. braten, bis die Haut leicht bräunt. In eine Auflaufform legen und die Gemüse darauf verteilen. Abgedeckt im Ofen (unten, Umluft 180°) ca. 40 Min. garen. Die Keule mit dem Gemüse servieren.

Nährwerte pro Portion:

430 kcal • **31 g** Eiweiß • **28 g** Fett • **14 g** Kohlenhydrate

Hähnchenroulade mit Feigen

FÜR 2 PERSONEN

500 g vorwiegend festkochende Kartoffeln
Jodsalz
2 dicke Hähnchenbrustfilets (je ca. 180 g)
Pfeffer
4 Scheiben Parmaschinken
2 reife Feigen
1 große Zwiebel
1 Knoblauchzehe
1 mittelgroße Möhre
1 TL Olivenöl
1 Zweig Thymian
1 kleines Lorbeerblatt
300 ml Geflügelbrühe

ZUBEREITUNG: ca. 40 Min.

1. Die Kartoffeln waschen, schälen und in wenig Salzwasser ca. 25 Min. garen. Abgießen.

2. Das Fleisch trocken tupfen und längs einschneiden. Aufklappen und flach drücken. Sparsam mit Salz und Pfeffer würzen. Jede Filetscheibe zwischen 2 Scheiben Schinken legen. Feigen schälen, halbieren und auf die Filets legen. Die Hähnchenbrust fest im Schinkenmantel aufrollen. In Alufolie wickeln und sorgfältig verschließen. In einem Topf Salzwasser erhitzen und die Rouladen darin bei schwacher Hitze in 30 Min. gar ziehen lassen.

3. Zwiebel, Knoblauch und Möhre schälen und in kleine Würfel schneiden. Das Öl erhitzen und die Würfel darin andünsten. Thymian waschen und trocken schütteln. Die Blättchen mit Lorbeerblatt zum Gemüse geben. Kurz weiterdünsten. Brühe angießen und bei mittlerer Hitze ca. 10 Min. leicht einkochen lassen. Das Lorbeerblatt herausnehmen und die Sauce pürieren. Mit Salz und Pfeffer würzen und nochmals kurz erhitzen.

4. Die Rouladen auswickeln und in Scheiben schneiden. Mit Kartoffeln und der Sauce servieren.

Nährwerte pro Portion:

680 kcal • **63 g** Eiweiß • **27 g** Fett • **41 g** Kohlenhydrate

Gefüllte Schweinesteaks mit Spinatreis

FÜR 2 PERSONEN

200 ml Gemüsebrühe
50 g parboiled Reis
300 g tiefgekühlter Blattspinat
2 kleine Schweinesteaks (je 150 g)
Jodsalz, Pfeffer
Muskatnuss
1 EL Zitronensaft
1 EL Olivenöl
1/2 Bund Basilikum
4 Zahnstocher zum Fixieren

ZUBEREITUNG: ca. 30 Min.

1. In einem Topf 100 ml Brühe aufkochen. Reis einstreuen und zugedeckt bei schwacher Hitze ca. 20 Min. quellen lassen.

2. Den Spinat in 50 ml kochender Brühe auftauen lassen. In die Steaks an der Seite mit einem kleinen, scharfen Messer jeweils eine große Tasche einschneiden. Innen und außen mit Salz und Pfeffer würzen. Den Spinat mit Salz, Pfeffer, reichlich Muskat und Zitronensaft würzen. Ein Drittel der Spinatmasse in die Fleischtaschen füllen. Die Öffnung mit je 2 Zahnstochern verschließen.

3. Das Öl in einer Pfanne erhitzen und die Steaks darin von jeder Seite ca. 3 Min. braten. Herausnehmen und 5 Min. warm stellen. Das Basilikum waschen, trocken schütteln und die Blätter fein hacken. Mit dem restlichen Spinat unter den Reis mischen, aufkochen. Den Spinatreis mit Salz, Pfeffer und Muskat würzen.

4. Den Bratensatz mit 50 ml Brühe vom Pfannenboden lösen und aufkochen. Mit Salz und Pfeffer würzen. Die Steaks mit dem Spinatreis auf zwei Tellern anrichten. Mit der Sauce beträufeln.

Nährwerte pro Portion:

320 kcal • **38 g** Eiweiß • **9 g** Fett • **23 g** Kohlenhydrate

Schweinefiletspieße mit Nektarinen

FÜR 2 PERSONEN

200 g Schweinefilet
2 Nektarinen
50 g mildes Ajvar (Paprikapüree)
50 ml Orangensaft
1/2 TL Currypulver
2 EL Tomatenmark
250 ml Gemüsebrühe
100 g Vollkornreis
Jodsalz, Pfeffer
2 EL Olivenöl
4 Fleischspieße

ZUBEREITUNG: ca. 30 Min.
MARINIEREN: ca. 2 Std.
GAREN: ca. 40 Min.

1. Das Fleisch trocken tupfen und in große Würfel schneiden. Die Nektarinen waschen, halbieren und den Stein herauslösen. Die Hälften in dicke Spalten schneiden. Die Fleischwürfel und Fruchtstücke abwechselnd auf die Spieße stecken.

2. Ajvar, Orangensaft, Currypulver und Tomatenmark verrühren. Die Spieße mit der Marinade bestreichen und 2 Std. kühl stellen.

3. Die Brühe aufkochen. Den Reis einstreuen und zugedeckt bei schwacher Hitze ca. 40 Min. quellen lassen. Mit Salz und Pfeffer würzen.

4. Das Öl in einer Pfanne erhitzen. Die Spieße darin bei mittlerer Hitze rundum ca. 10 Min. braten. Mit Salz und Pfeffer würzen. Den Reis zu den Spießen servieren.

VARIANTE

Außerhalb der Nektarinensaison schmecken die Spieße auch mit süßen Äpfeln.

Nährwerte pro Portion:

470 kcal • **27 g** Eiweiß • **16 g** Fett • **54 g** Kohlenhydrate

Mariniertes Schnitzel mit Karamellmöhren

FÜR 2 PERSONEN

300 g Schweineschnitzel
100 ml Grapefruitsaft
2 EL Zucker
1 TL frisch gehackter Rosmarin
1 EL frisch gehackter Thymian
1/2 Bund Petersilie
50 ml Geflügelbrühe
1 EL Traubenkernöl
1 EL Reismehl
1 TL Zitronensaft
Jodsalz
250 g Möhren
1 TL Puderzucker
50 ml Gemüsebrühe
1 EL Rapsöl
Pfeffer

ZUBEREITUNG: ca. 35 Min.
MARINIEREN: ca. 3 Std.

1. Die Schnitzel in breite Streifen schneiden. Den Grapefruitsaft mit Zucker, Rosmarin und Thymian verquirlen. Mit dem Fleisch in einen Gefrierbeutel füllen. Verschließen und 3 Std. kühl stellen.

2. Die Petersilie waschen, trocken schütteln und die Blätter sehr fein hacken. Mit Geflügelbrühe, Traubenkernöl, Reismehl und Zitronensaft im Mixer oder mit dem Pürierstab fein pürieren. Den Mix kurz aufkochen und salzen. Die Sauce warm stellen.

3. Die Möhren putzen, schälen und schräg in dünne Scheiben schneiden. Den Puderzucker bei schwacher Hitze hell karamelli-

sieren lassen. Die Möhren darin andünsten. Mit Gemüsebrühe ablöschen. Das Gemüse bei schwacher Hitze warm halten. Mit Salz und Pfeffer würzen.

4. Die Fleischstreifen aus der Marinade nehmen und trocken tupfen. Das Öl in einer Pfanne erhitzen und das Fleisch darin rundum anbraten. Salzen und pfeffern. Mit einem Drittel der Marinade ablöschen. Mit den Karamellmöhren und der Petersiliensauce servieren.

Nährwerte pro Portion:

405 kcal • **37 g** Eiweiß • **17 g** Fett • **26 g** Kohlenhydrate

Risotto mit Kohlrabi und Schweinefilet

FÜR 2 PERSONEN

1 Frühlingszwiebel
1 kleiner Kohlrabi
150 g Schweinefilet
600 ml Fleischbrühe
2 EL Rapsöl
150 g Risottoreis (Vialone oder Arborio)
1 Prise gemahlener Safran
Jodsalz, Pfeffer
100 g Maiskörner (aus der Dose)
1/4 Bund Schnittlauch

ZUBEREITUNG: ca. 30 Min.

1. Die Frühlingszwiebel waschen, putzen und den hellen Teil in dünne Scheiben schneiden. Den Kohlrabi dünn schälen, die zarten Blättchen beiseitelegen. Die Knolle in kleine Würfel schneiden. Das Fleisch trocken tupfen und ebenfalls in kleine Würfel schneiden. Die Brühe aufkochen.

2. Das Öl in einem Topf erhitzen und die Zwiebel darin glasig dünsten. Die Kohlrabi- und Fleischwürfel zugeben und bei mittlerer Hitze unter Rühren anbraten.

3. Den Reis einstreuen und unter Rühren 3 Min. anbraten. Mit Safran, Salz und Pfeffer würzen. Heiße Brühe angießen, bis der Reis bedeckt ist. Den Reis bei schwacher Hitze sanft kochen lassen. Dabei immer wieder kleine Portionen Brühe zugießen und den Reis in 20 Min. ausquellen lassen.

4. Den Mais abtropfen lassen. Unter den Risotto heben. Den Schnittlauch waschen, trocken schütteln und fein schneiden. Den Risotto portionsweise anrichten und mit Schnittlauch bestreuen.

Nährwerte pro Portion:

620 kcal • **29 g** Eiweiß • **15 g** Fett • **94 g** Kohlenhydrate

Schweineschnitzel mit roter und grüner Salsa

FÜR 2 PERSONEN

2 Bio-Orangen
1 Knoblauchzehe
Jodsalz
2 kleine Schweineschnitzel
(je 170 g)
200 g Cocktailtomaten
1 kleine rote Zwiebel
Pfeffer
1 EL dunkler Balsamico-Essig
2 EL Olivenöl
1 Limette
1/2 Avocado
1 TL Zitronensaft

ZUBEREITUNG: ca. 40 Min.
MARINIEREN: ca. 1 Std.

1. 1 Orange heiß abwaschen und abtrocknen. Die Schale fein abreiben, den Saft auspressen. Knoblauch schälen und durchpressen. Mit der Orangenschale, dem Saft und 1/2 TL Salz verrühren. Die Marinade und Schnitzel in einen Gefrierbeutel füllen und verschließen. Die Marinade gut ins Fleisch massieren und 1 Std. kühl stellen.

2. Für die rote Salsa die Tomaten waschen und vierteln. Zwiebel schälen und fein hacken. Mit den Tomaten mischen. Mit Salz, Pfeffer, Essig und 1 EL Öl würzen.

3. Für die grüne Salsa 1 Orange und die Limette dick schälen. Die Fruchtfilets zwischen den Trennwänden herausschneiden, den Saft auffangen. Die Avocado aus der Schale heben und in kleine Würfel schneiden. Mit Limetten-, Orangen- und Zitronensaft sowie den Zitrusfilets mischen. Mit Salz und Pfeffer würzen.

4. Das Fleisch aus der Marinade nehmen und trocken tupfen. 1 EL Öl erhitzen und die Schnitzel darin von jeder Seite ca. 4 Min. braten. Herausnehmen und warm stellen. Die Marinade in den Bratensatz rühren und cremig einkochen lassen. Die Schnitzel mit der Sauce und den beiden Salsas servieren.

Nährwerte pro Portion:

440 kcal • **40 g** Eiweiß • **25 g** Fett • **14 g** Kohlenhydrate

Schnitzelstreifen mit Pilzsauce

FÜR 2 PERSONEN

1 kleiner Zweig Rosmarin
300 g Kartoffeln
200 g Zucchini
2 EL Olivenöl
Jodsalz, Pfeffer
Rosenpaprikapulver
200 ml Reisdrink
100 g Champignons
1 Zwiebel
200 g Schweineschnitzel
1 TL Kartoffelstärke

ZUBEREITUNG: ca. 50 Min.

1. Rosmarin waschen, trocknen und die Nadeln fein hacken. Kartoffeln waschen, schälen und in kleine Würfel schneiden. Zucchini waschen, putzen, längs halbieren und in dünne Scheiben schneiden.

2. In einem Topf 1 EL Öl erhitzen und die Kartoffeln darin anbraten. Die Zucchini einstreuen und mit Rosmarin, Salz, Pfeffer und Rosenpaprika würzen. 100 ml Reisdrink zugießen und das Gemüse zugedeckt bei schwacher Hitze 35 Min. garen.

3. Die Champignons trocken abreiben, putzen und in Streifen schneiden. Die Zwiebel schälen und fein hacken. Das Fleisch flach klopfen. In einer Pfanne 1 EL Öl erhitzen und das Fleisch darin von beiden Seiten kurz anbraten. Mit Salz und Pfeffer würzen. Herausnehmen und warm stellen.

4. Die Zwiebel im Bratfett glasig dünsten. Die Pilze einrühren und mitdünsten. 100 ml Reisdrink angießen. Die Stärke mit etwas Wasser verquirlen und zugießen. Aufkochen und bei schwacher Hitze 5 Min. einkochen lassen. Die Sauce mit Salz und Pfeffer würzen. Das Fleisch in Streifen schneiden. Mit der Pilzsauce und dem Gemüse servieren.

Nährwerte pro Portion:

350 kcal • **30 g** Eiweiß • **14 g** Fett • **27 g** Kohlenhydrate

Rindfleischröllchen mit Champignons

FÜR 2 PERSONEN

2 dünne Scheiben Rindfleisch (je 150 g)
Jodsalz, Pfeffer
150 g Champignons
1/4 Bund Petersilie
1 sehr dünne Stange Lauch
1 EL Olivenöl
50 ml Gemüsebrühe
4 Zahnstocher

ZUBEREITUNG: ca. 40 Min.

1. Das Fleisch trocken tupfen und mit Salz und Pfeffer würzen. Die Champignons trocken abreiben, putzen und in hauchdünne Scheiben schneiden. Die Petersilie waschen, trocken schütteln und die Blätter fein hacken.

2. Den Lauch putzen und das dunkle Grün entfernen. Die Stange längs aufschneiden und sorgfältig waschen. Die Blätter voneinander lösen und in kochendem Salzwasser 3 Min. blanchieren. Kalt abschrecken und abtropfen lassen. Die Blätter halbieren und auf den Fleischscheiben verteilen. Aufrollen und mit je 2 Zahnstochern feststecken.

3. Das Öl in einer Pfanne erhitzen und die Fleischröllchen darin rundum 5 Min. braten. Herausnehmen und warm stellen.

4. Die Champignons ins Bratfett streuen und dünsten. Die Brühe angießen und bei mittlerer Hitze 5 Min. einkochen lassen. Die Sauce mit Salz, Pfeffer und Petersilie würzen. Zum Fleisch servieren.

Nährwerte pro Portion:

250 kcal • **35 g** Eiweiß • **11 g** Fett • **2 g** Kohlenhydrate

Rindermedaillons mit Lauchgemüse

FÜR 2 PERSONEN

2 Zweige Rosmarin
500 g Kartoffeln
Jodsalz
300 g Schulterspitze (falsches Filet)
1 dicke Stange Lauch
1 EL Rapsöl
2 EL ungeschwefelte Rosinen
100 ml Rinderfond
1 EL heller Balsamico-Essig
Pfeffer

ZUBEREITUNG: ca. 30 Min.

1. Den Rosmarin waschen und trocken schütteln. Die Kartoffeln waschen und schälen. Mit dem Rosmarin in wenig Salzwasser zugedeckt bei schwacher Hitze ca. 25 Min. garen. Abgießen.

2. Inzwischen das Fleisch trocken tupfen und in 3 cm dicke Scheiben schneiden. Den Lauch putzen und das dunkle Grün entfernen. Die Stange längs aufschneiden und sorgfältig waschen. Den Lauch in dünne Scheiben schneiden.

3. Den Backofen auf 70° vorheizen. Das Öl in einer Pfanne erhitzen und die Medaillons

darin rundum ca. 3 Min. braten. Herausnehmen und im Ofen (Umluft nicht empfehlenswert) warm stellen. Den Lauch und die Rosinen ins Bratfett streuen und ca. 4 Min. unter Rühren dünsten. Fond und Essig angießen und offen bei schwacher Hitze 10 Min. einkochen lassen. Das Gemüse mit Salz und Pfeffer würzen.

4. Das Fleisch aus dem Ofen nehmen. Ausgetretenen Saft in den Lauch rühren. Die Medaillons mit Salz und Pfeffer würzen und mit dem Lauchgemüse und den Kartoffeln servieren.

Nährwerte pro Portion:

405 kcal • **37 g** Eiweiß • **12 g** Fett • **38 g** Kohlenhydrate

Rindfleisch-Tomaten-Topf

FÜR 2 PERSONEN

300 g Rindfleisch (aus der Keule)
2 EL Buchweizenmehl
Pfeffer
1/2 Bund Suppengrün
1 große Zwiebel
2 Knoblauchzehen
2 EL Olivenöl
3 EL dunkler Balsamico-Essig
3 EL Tomatenmark
150 ml Rinderbrühe
5 Zweige Thymian
500 g Tomaten
1/4 Bund Petersilie
Jodsalz

ZUBEREITUNG: ca. 40 Min.

1. Das Fleisch trocken tupfen und in 3 cm große Würfel schneiden. Im Buchweizenmehl wenden und mit Pfeffer würzen. Das Suppengrün waschen, putzen und in grobe Würfel schneiden. Zwiebel und Knoblauch schälen und hacken.

2. Das Öl erhitzen und die Zwiebel darin glasig dünsten. Essig einrühren und die Zwiebel leicht bräunen. Den Knoblauch und das Suppengrün einstreuen und 5 Min. unter Rühren anbraten. Das Fleisch und Tomatenmark einrühren und ebenfalls anbraten. Mit der Brühe ablöschen. Thymian waschen, trocken tupfen und die Blättchen zum Fleisch geben.

3. Die Tomaten kreuzförmig einritzen und 30 Sek. in kochendes Wasser legen. Häuten und das Fruchtfleisch in grobe Würfel schneiden, dabei die Stielansätze entfernen. Die Tomatenwürfel unter das Fleisch heben und offen bei mittlerer Hitze 10 Min. einkochen lassen.

4. Die Petersilie waschen, trocken schütteln und die Blätter fein schneiden. Den Eintopf mit Petersilie, Salz und Pfeffer würzen. Dazu schmecken Kartoffeln.

Nährwerte pro Portion:

445 kcal • **36 g** Eiweiß • **21 g** Fett • **20 g** Kohlenhydrate

Spaghetti mit Rinderragout

FÜR 2 PERSONEN

150 g Rinderhüftsteak
1 Möhre
1 kleine Zwiebel
1 dünne Stange Lauch
100 g Kidneybohnen (aus der Dose)
1 TL Öl
Jodsalz, Pfeffer
getrockneter Majoran
100 ml Tomatensaft
250 g Spaghetti (ohne Gluten und Ei)

ZUBEREITUNG: ca. 35 Min.

1. Das Fleisch trocken tupfen und in 2 cm große Würfel schneiden. Die Möhre putzen, schälen und ebenfalls in kleine Würfel schneiden. Die Zwiebel schälen und fein hacken. Den Lauch putzen und das dunkle Grün entfernen. Die Stange längs aufschneiden, sorgfältig waschen und in dünne Ringe schneiden. Die Bohnen abtropfen lassen.

2. Das Öl in einem Topf erhitzen. Die Fleisch- und Zwiebelwürfel darin anbraten. Mit Salz, Pfeffer und Majoran würzen. Die Möhren und den Lauch einstreuen. Tomatensaft angießen und offen bei schwacher Hitze ca. 15 Min. einkochen lassen.

3. Die Nudeln nach Packungsangabe in kochendem Salzwasser bissfest garen. Die Bohnen kurz vor Ende der Garzeit unter das Ragout heben und darin erwärmen. Die Spaghetti abgießen und abtropfen lassen. Mit dem Rinderragout servieren.

TIPP

Sie vertragen Sellerie? Dann tauschen Sie den Lauch gegen 1 Stange Staudensellerie.

Nährwerte pro Portion:

755 kcal • **45 g** Eiweiß • **6 g** Fett • **130 g** Kohlenhydrate

Lamm mit Fenchel und Rosmarinkartoffeln

FÜR 2 PERSONEN

500 g Kartoffeln
Jodsalz
4 TL getrockneter Rosmarin
200 g Lammkeule
2 EL Olivenöl
1 TL Fenchelsamen
1 TL getrockneter Thymian
1/4 TL gemahlener Pfeffer
2 Knoblauchzehen
1 große Fenchelknolle
150 ml Fleischbrühe
Backpapier fürs Blech

ZUBEREITUNG: ca. 35 Min.
MARINIEREN: ca. 20 Min.
GAREN: ca. 40 Min.

1. Den Backofen auf 180° vorheizen. Ein Backblech mit Backpapier belegen. Die Kartoffeln waschen, schälen und längs in Spalten teilen. Auf dem Blech ausbreiten. Mit 1/4 TL Salz und 3 TL Rosmarin bestreuen und im Ofen (Mitte, Umluft 160°) ca. 40 Min. garen.

2. Inzwischen das Fleisch trocken tupfen und in kleine Scheiben schneiden. Mit 1 EL Olivenöl, Fenchelsamen, Thymian, Pfeffer und 1 TL Rosmarin in einen Gefrierbeutel füllen. Den Knoblauch schälen und dazupressen. Den Beutel verschließen. Die

Marinade gut ins Fleisch massieren und 20 Min. kühl stellen.

3. Den Fenchel waschen, putzen und längs in vier Scheiben schneiden. Die Scheiben in wenig Salzwasser ca. 10 Min. garen.

4. Das Fleisch aus der Marinade nehmen und trocken tupfen. In einer Pfanne 1 EL Öl erhitzen und das Fleisch darin von beiden Seiten anbraten. Mit Brühe ablöschen, den Fenchel zugeben. Alles zugedeckt bei schwacher Hitze 10 Min. schmoren lassen. Mit den Rosmarinkartoffeln servieren.

Nährwerte pro Portion:

525 kcal • 25 g Eiweiß • 29 g Fett • 34 g Kohlenhydrate

Saltimbocca alla romana mit Erbsenreis

FÜR 2 PERSONEN

1 kleine Zwiebel
500 ml Geflügelbrühe
2 EL Olivenöl
100 g tiefgekühlte Erbsen
100 g Langkornreis
Jodsalz, Pfeffer
4 Blätter Salbei
2 dünne Kalbsschnitzel (je 120 g)
2 große Scheiben Parmaschinken
4 Zahnstocher zum Fixieren

ZUBEREITUNG: ca. 35 Min.

1. Die Zwiebel schälen und fein hacken. Die Brühe erhitzen, 5 EL davon beiseitestellen. In einem Topf 1 TL Öl erhitzen und die Zwiebel darin glasig dünsten. Die Erbsen und den Reis einstreuen, 100 ml heiße Brühe angießen. Den Reis bei schwacher Hitze sanft kochen lassen, bis die Brühe aufgesogen ist. Diesen Vorgang wiederholen, bis der Reis ausgequollen ist. Den Erbsenreis mit Salz und Pfeffer würzen.

2. Inzwischen den Salbei waschen und trocken tupfen. Die Schnitzel und den Schinken halbieren. Jeweils 1 Fleischscheib-

chen und 1 Schinkenstück aufeinanderlegen. Mit Pfeffer würzen und mit je 1 Salbeiblatt belegen. Die Päckchen mit je 1 Zahnstocher feststecken.

3. Das restliche Öl in einer Pfanne erhitzen und die Päckchen darin von jeder Seite 2 Min. braten. Herausnehmen und auf den fertigen Erbsenreis legen.

4. Den Bratensatz mit 5 EL Brühe vom Pfannenboden lösen und aufkochen. Mit Salz und Pfeffer würzen. Die Saltimbocca mit der Sauce und dem Erbsenreis servieren.

Nährwerte pro Portion:

575 kcal • 53 g Eiweiß • 22 g Fett • 48 g Kohlenhydrate

Früchte mit Orangensirup

FÜR 2 PERSONEN

1/2 Vanilleschote
4 EL Zucker
6 Kardamomkapseln
100 ml Orangensaft
2 Bio-Limetten
2 Grapefruits
2 Nektarinen
2 Stängel Zitronenmelisse

ZUBEREITUNG: ca. 20 Min.

1. Die Vanilleschote längs aufschlitzen und das Mark herausschaben. Mit dem Zucker mischen. Die Kardamomkapseln im Mörser grob zerstoßen. Den Orangensaft mit dem Vanillezucker und dem Kardamom aufkochen. Offen in ca. 15 Min. sirupartig einkochen lassen.

2. Die Limetten heiß abwaschen und abtrocknen. Die Schale sehr fein abreiben. Die Limetten und Grapefruits dick schälen, dabei die weiße Haut vollständig entfernen. Die Fruchtfilets zwischen den Trennwänden herausschneiden, den austretenden Saft auffangen. Die Limettenschale und den -saft in den Sirup rühren. Abkühlen lassen.

3. Die Nektarinen waschen, halbieren und den Stein herauslösen. Die Hälften in schmale Spalten schneiden. Die Zitronenmelisse waschen, trocken schütteln und die Blättchen abzupfen.

4. Die Fruchtfilets mit der Zitronenmelisse in zwei Dessertschalen anrichten. Den Orangensirup durch ein Sieb über die Früchte gießen.

Nährwerte pro Portion:

195 kcal • **2 g** Eiweiß • **0 g** Fett • **49 g** Kohlenhydrate

Kirschsuppe mit Maisgrießklößchen

FÜR 2 PERSONEN

150 g entsteinte Sauerkirschen (frisch oder aus dem Glas)
300 ml Kirschsaft
1/4 TL abgeriebene Bio-Zitronenschale
4 EL Zucker
1 EL Kartoffelstärke
Zimt
150 ml Reisdrink
1 TL Margarine (ohne Soja und Milchprodukt)
1 EL Zucker
1 Päckchen Vanillezucker
50 g Maisgrieß
1 EL Ei-Ersatzpulver

ZUBEREITUNG: ca. 20 Min.

1. Die Sauerkirschen gut abtropfen lassen. Die Früchte mit Kirschsaft, Zitronenschale und Zucker in einem Topf mischen. Erhitzen und in 5 Min. gar ziehen lassen. Kirschen aus dem Glas nur kurz im Sud aufkochen. Die Kartoffelstärke mit etwas kaltem Wasser verquirlen, in die Kirschen rühren und aufkochen. Die Kirschsuppe mit Zimt würzen.

2. Für die Grießklößchen den Reisdrink mit Margarine, Zucker und Vanillezucker aufkochen. Den Grieß und das Ei-Ersatzpulver einstreuen und rühren, bis ein Kloß entsteht. Die Grießmasse abkühlen lassen.

3. Aus der Grießmasse ca. 10 Klößchen formen. Diese in leicht kochendes Wasser legen und gar ziehen lassen. Die Klößchen sind gar, sobald sie an die Oberfläche aufsteigen. Herausheben, abtropfen lassen und zur Kirschsuppe servieren.

TIPP

Probleme mit Kirschen? Dann bereiten Sie die Suppe mit 150 g Beeren und Birnensaft zu. Das Ei-Ersatzpulver benötigen Sie nur bei einer Ei-Allergie, sonst rühren Sie 1 Ei in den Grieß.

Nährwerte pro Portion:

400 kcal • **5 g** Eiweiß • **3 g** Fett • **88 g** Kohlenhydrate

Beerengrütze mit Vanillesauce

FÜR 2 PERSONEN

3 Blatt Gelatine
je 75 g Johannis-, Heidel- und Himbeeren
200 ml Holunderbeersaft
2 EL Zucker
5 Päckchen Vanillezucker
1 EL Zitronensaft
3 TL Kartoffelstärke
250 ml Reisdrink
1 Prise gemahlener Safran

ZUBEREITUNG: ca. 25 Min.
KÜHLEN: ca. 2 Std.

1. Die Gelatine 10 Min. in kaltem Wasser einweichen. Die Beeren behutsam waschen und trocken tupfen. Die Johannisbeeren von den Rispen streifen, bei den Heidel- und Himbeeren die Kelchblätter entfernen. Die Gelatine ausdrücken und mit Holundersaft, Zucker, 2 Päckchen Vanillezucker und Zitronensaft aufkochen.

2. Die Beeren in den heißen Saft rühren. Die Grütze in zwei Dessertschälchen füllen und abkühlen lassen. Ca. 2 Std. kühl stellen, bis sie fest ist.

3. Für die Vanillesauce die Stärke mit dem Reisdrink verquirlen, bis sie vollständig gelöst ist. Aufkochen und 3 Päckchen Vanillezucker einstreuen. Den Mix bei mittlerer Hitze unter Rühren cremig einkochen lassen. Die Sauce mit Safran gelb färben. Zur Grütze servieren.

TIPP

Verwenden Sie statt des Reisdrinks ruhig herkömmliche Milch (1,5 % Fett), wenn Ihr Körper sie gut verträgt.

Nährwerte pro Portion:

270 kcal • **9 g** Eiweiß • **2 g** Fett • **53 g** Kohlenhydrate

Marinierte Äpfel mit Apfelsauce

FÜR 2 PERSONEN

1 Stück frischer Ingwer (ca. 2 cm)
1/2 Bio-Zitrone
200 ml Apfelsaft
2 EL Zimtsirup
1 großer Apfel
20 g ungeschwefelte Rosinen
1 EL Kartoffelstärke

ZUBEREITUNG: ca. 20 Min.
MARINIEREN: ca. 30 Min.

1. Den Ingwer schälen und sehr fein schneiden. Die Zitronenhälfte heiß abwaschen und abtrocknen. Die Schale sehr fein abreiben, den Saft auspressen. Beides mit Apfelsaft und Zimtsirup aufkochen und offen bei schwacher Hitze 5 Min. sanft kochen lassen.

2. Den Apfel waschen, mit Schale halbieren und das Kerngehäuse entfernen. Die Hälften in Spalten schneiden. Die Spalten und die Rosinen in den heißen Saft geben. Aufkochen und vom Herd nehmen. Die Spalten mindestens 30 Min. im Saft ziehen lassen. Dabei gelegentlich wenden.

3. Die Apfelspalten und Rosinen in zwei Dessertschälchen verteilen. Die Marinade aufkochen. Die Stärke mit 4 EL kaltem Wasser verquirlen und in den kochenden Sud rühren. Die Sauce über die Apfelspalten träufeln.

TIPP

Wer Kernobst selbst gedünstet nicht essen kann, mariniert Grapefruitfilets in einer Sauce aus Traubensaft.

Nährwerte pro Portion:

175 kcal • **1 g** Eiweiß • **1 g** Fett • **42 g** Kohlenhydrate

Melonenreis mit Weintrauben

FÜR 2 PERSONEN

1/2 Vanilleschote
150 ml Reisdrink
50 g Vollkorn-Rundkornreis
75 g Cantaloupe-Melone
10 kernlose Weintrauben

ZUBEREITUNG: ca. 15 Min.
QUELLEN: ca. 45 Min.

1. Die Vanilleschote längs aufschlitzen und das Mark herausschaben. Beides mit dem Reisdrink aufkochen. Den Reis einstreuen und zugedeckt bei schwacher Hitze ca. 40 Min. quellen lassen. Dabei gelegentlich umrühren.

2. Die Kerne aus dem Melonenstück schaben. Das Fruchtfleisch von der Schale lösen und in kleine Stücke schneiden. Die Trauben waschen, trocken tupfen und halbieren.

3. Die Vanilleschote aus dem Reis nehmen. Die Melonenstücke unterrühren und den Reis noch ca. 5 Min. quellen lassen.

4. Eine Tasse heiß ausspülen und die Hälfte der Reismasse einfüllen. Festdrücken und auf einen Teller stürzen. Mit der zweiten Hälfte ebenso verfahren. Den Melonenreis mit den Trauben garnieren.

TIPP

Bei einer Allergie gegen Melonen verwenden Sie einfach eine andere süße, weiche Frucht Ihrer Wahl. Wie wär's zum Beispiel mit Birne oder Mango?

Nährwerte pro Portion:

140 kcal • **4 g** Eiweiß • **1 g** Fett • **28 g** Kohlenhydrate

Ananas-Kokos-Pudding

FÜR 2 PERSONEN

300 ml Ananassaft
75 ml Kokoscreme
3 EL Kartoffelstärke
1 Päckchen Vanillezucker
2 EL Kokosflocken

ZUBEREITUNG: ca. 10 Min.
KÜHLEN: ca. 2 Std.

1. Den Ananassaft mit der Kokoscreme und der Stärke in einem Topf verrühren. Die Mischung aufkochen und den Vanillezucker einrühren.

2. Den Saftmix in zwei Schälchen füllen. Abkühlen lassen und den Pudding mindestens 2 Std. kühl stellen.

3. Den Ananas-Kokos-Pudding mit Kokosflocken bestreuen und servieren.

TIPP

Dieser Pudding schmeckt auch mit Bananen-, Mango- oder Birnensaft. Besonders dekorativ sieht der Pudding gestürzt aus. Dafür den Saftmix in 2 Förmchen füllen und kühlen. Zum Servieren mit einem Messer vom Formrand lösen und auf zwei Dessertteller stürzen.

Nährwerte pro Portion:

175 kcal • **1 g** Eiweiß • **0 g** Fett • **42 g** Kohlenhydrate

Aprikosencreme

FÜR 2 PERSONEN

1/2 Bio-Zitrone
400 g Aprikosen
2 EL Kartoffelstärke
200 ml Apfelsaft

ZUBEREITUNG: ca. 20 Min.
KÜHLEN: ca. 2 Std.

1. Die Zitronenhälfte heiß abwaschen und abtrocknen. Die Schale sehr fein abreiben, den Saft auspressen. Die Aprikosen 30 Sek. in kochendes Wasser legen. Herausheben, kalt abschrecken und häuten. Die Früchte halbieren und die Kerne herauslösen. Die Hälften mit der Zitronenschale und dem -saft im Mixer oder mit dem Pürierstab fein pürieren.

2. Die Stärke mit etwas Apfelsaft verquirlen. Den restlichen Apfelsaft erhitzen. Den Stärkemix einrühren und 3 Min. kochen lassen. Das Aprikosenpüree

unterziehen und abkühlen lassen. Die Creme in zwei Dessertschälchen füllen und ca. 2 Std. kühl stellen, bis sie fest ist.

VARIANTE

Bereiten Sie die Creme zur Abwechslung doch mal mit 2 großen Birnen oder 1 kleinen Mango zu.

Nährwerte pro Portion:

165 kcal • **2 g** Eiweiß • **0 g** Fett • **38 g** Kohlenhydrate

Apfel-Hirse-Creme

FÜR 2 PERSONEN

400 ml Ananassaft
100 g Hirse
4 Äpfel
1 Stück frischer Ingwer (ca. 1 cm)

ZUBEREITUNG: ca. 35 Min.
KÜHLEN: ca. 30 Min.

1. Den Ananassaft aufkochen. Die Hirse einstreuen und bei schwacher Hitze 15 Min. quellen lassen.

2. Inzwischen die Äpfel schälen, halbieren und das Kerngehäuse entfernen. Die Hälften in schmale Spalten schneiden und unter die Hirse heben. 15 Min. mitgaren. Den Ingwer schälen und fein reiben. Unter die Hirse rühren.

3. Die Hirse-Apfel-Mischung im Mixer oder mit dem Pürierstab cremig pürieren. In zwei Dessertgläser füllen und ca. 30 Min. kühl stellen.

TIPP

Sie vertragen Äpfel selbst gegart nicht? Dann bereiten Sie die Creme doch mit 400 g Ananas oder Beeren zu.

Nährwerte pro Portion:

310 kcal • **6 g** Eiweiß • **3 g** Fett • **63 g** Kohlenhydrate

Kokos-Sorbet

FÜR 2 PERSONEN

100 g Zucker
50 g Edelbitterschokolade
(ohne Soja und Milch)
250 ml Kokoscreme
1 Limette
Puderzucker

ZUBEREITUNG: ca. 30 Min.
**KÜHLEN (EISFACH UND EIS-
MASCHINE): ca.** 40 Min.

1. Den Zucker mit 100 ml Wasser aufkochen und vollständig abkühlen lassen.

2. Die Schokolade mit einem Messer in feine Späne hobeln. Mit der Kokoscreme in den Zuckersirup rühren. Den Kokosmix im Eisfach in ca. 30 Min. fast gefrieren lassen. Die Eismaschine vorkühlen.

3. Die Eismasse in die Eismaschine füllen und in ca. 10 Min. zu Eis rühren lassen. Die Limette auspressen. Das Eis mit Limettensaft und Puderzucker abschmecken.

TIPP

Sie können das Eis auch ohne Eismaschine zubereiten. Dafür die Kokosmasse in eine Metallschüssel füllen und 2 Std. ins Gefrierfach stellen. Jetzt alle 30 Min. kräftig durchrühren, sodass sich keine großen Eiskristalle bilden. Nach ca. 6 Std. Gefrierzeit ist das Eis fertig.

Nährwerte pro Portion:

390 kcal • **2 g** Eiweiß • **10 g** Fett • **74 g** Kohlenhydrate

Heidelbeereis

FÜR 4 PERSONEN

4 EL Zucker
2 EL Reismehl
300 ml Reisdrink
300 g Heidelbeeren (frisch oder tiefgekühlt)
4 EL Fruchtsirup (Beerensirup, z. B. Himbeer)
2 EL Zitronensaft

ZUBEREITUNG: ca. 30 Min.
**KÜHLEN (EISFACH UND EIS-
MASCHINE): ca.** 40 Min.

1. Den Zucker mit 4 EL Wasser, Reismehl und Reisdrink verquirlen. Die Mischung aufkochen und abkühlen lassen.

2. Die Beeren waschen und trocken tupfen. Tiefgekühlte Früchte antauen lassen. Die Beeren mit Fruchtsirup und Zitronensaft im Mixer oder mit dem Pürierstab fein pürieren. Das Püree durch ein Sieb streichen.

3. Das Fruchtpüree mit der Reisdrinkmischung verrühren und ca. 30 Min. ins Eisfach stellen. Die Eismaschine vorkühlen.

4. Die Eismasse in die Eismaschine füllen und in ca. 10 Min. zu Eis rühren lassen. Alternativ die Eismasse in eine Metallschüssel füllen und ca. 6 Std. ins Gefrierfach stellen. Dabei alle 30 Min. gut durchrühren, damit sich keine Eiskristalle bilden.

TIPP

Mixen Sie das Eis vor dem Servieren kurz mit dem Pürierstab durch. So wird es wunderbar cremig.

Nährwerte pro Portion:

135 kcal • **3 g** Eiweiß • **1 g** Fett • **28 g** Kohlenhydrate

Kürbiskuchen ohne Ei

FÜR 10 STÜCK
(1 KASTENFORM, 20 CM)

200 g süß-sauer eingelegter Kürbis (aus dem Glas)
250 g Backmischung (glutenfrei)
2 TL Backpulver
50 g Zucker
2 EL Rapsöl
50 g ungeschwefelte Trockenfeigen
1 Stück frischer Ingwer (ca. 2 cm)
Zimt
gemahlene Nelken
Fett für die Form

ZUBEREITUNG: ca. 25 Min.
BACKEN: ca. 45 Min.

1. Den Backofen auf 200° vorheizen. Die Backform fetten. Die Kürbisstücke in ein Sieb gießen und gut abtropfen lassen. Den Kürbis mit Backmischung, Backpulver, Zucker, Öl und 2 EL Wasser im Mixer oder mit dem Pürierstab cremig pürieren.

2. Die Feigen in kleine Würfel schneiden. Den Ingwer schälen und reiben. Mit den Feigen unter den Teig heben. Den Teig mit Zimt und Nelken würzen.

3. Den Teig in die Form füllen. Den Kuchen im Ofen (unten, Umluft 180°) ca. 45 Min. backen. Leicht abgekühlt aus der Form lösen und auf einem Kuchengitter abkühlen lassen.

TIPP

In der Kürbissaison können Sie diesen Kuchen natürlich auch mit frischem Kürbis zubereiten. Dafür das Fruchtfleisch in Würfel schneiden und in Zuckerwasser dünsten.

Nährwerte pro Stück:

165 kcal • 3 g Eiweiß • 3 g Fett • 32 g Kohlenhydrate

Sandkuchen mit Schokosplits

FÜR 16 STÜCK
(1 KASTENFORM, 30 CM)

250 g weiche Butter
150 g Zucker
2 TL Vanillezucker
4 EL Ei-Ersatzpulver
325 g Backmischung (glutenfrei)
1 EL Backpulver
150 ml Reisdrink
100 g Zartbitter-Schokostreusel (ohne Soja und Milch)
2 EL Puderzucker
Backpapier

ZUBEREITUNG: ca. 10 Min.
BACKEN: ca. 1 Std.

1. Den Backofen auf 200° vorheizen. Die Backform mit Backpapier auslegen. Die Butter mit Zucker und Vanillezucker schaumig schlagen. Ei-Ersatzpulver, Backmischung und Backpulver abwechselnd mit dem Reisdrink einrühren. Die Schokostreusel unterheben. Den Teig in die Form füllen.

2. Den Kuchen im Backofen (Mitte, Umluft 180°) ca. 1 Std. backen. Den Kuchen vorsichtig vom Formrand lösen und auf ein Kuchengitter stürzen. Auskühlen lassen. Mit Puderzucker bestreut servieren.

TIPP

Rührkuchen lässt sich sehr gut portionsweise in Gefrierbeuteln einfrieren.

Nährwerte pro Stück:

215 kcal • 1 g Eiweiß • 15 g Fett • 17 g Kohlenhydrate

Kartoffelkuchen
vom Blech

**FÜR 16 STÜCK
(1 BACKBLECH)**

125 ml Reisdrink
1/2 Würfel frische Hefe (21 g)
50 g Zucker
250 g Backmischung (glutenfrei)
4 EL Rapsöl
1 Prise Salz
1/2 TL abgeriebene Bio-Zitronen-schale
500 g festkochende Kartoffeln (z.B. Linda)
100 g ungeschwefelte Rosinen
50 ml Apfelsaft
50 g Margarine (ohne Soja und Milchprodukt)
60 g Puderzucker
1 EL Zitronensaft
Backmischung zum Arbeiten
Backpapier

ZUBEREITUNG: ca. 40 Min.
RUHEN: ca. 1 Std. 30 Min.
BACKEN: ca. 30 Min.

1. Den Reisdrink leicht erwärmen. Die Hefe und den Zucker darin auflösen. Die Backmischung mit Öl, Salz und Zitronenschale in eine Rührschüssel füllen. Die Hefemilch zugeben und alles zu einem geschmeidigen Teig verkneten. Den Teig zugedeckt an einem warmen Ort ca. 45 Min. gehen lassen.

2. Die Kartoffeln waschen und in kochendem Wasser ca. 25 Min. garen. Abgießen und ausdampfen lassen. Die Kartoffeln pellen und durch eine Presse drücken. Mit Rosinen und Apfelsaft unter den Hefeteig kneten. Den Teig nochmals ca. 45 Min. gehen lassen.

3. Den Backofen auf 180° vorheizen. Den Teig nochmals kurz durchkneten. Sollte er kleben, noch etwas Backmischung unterkneten. Ein Nudelholz mit etwas Backmischung bestäuben und den Teig auf Backpapier zu einem Rechteck (ca. 25 x 30 cm) ausrollen. Die Teigplatte mit dem Papier auf ein Backblech ziehen. Die Margarine schmelzen und auf den Teig streichen. Den Kuchen im Backofen (unten, Umluft 160°) ca. 30 Min. backen.

4. Den Kuchen mit dem Papier vom Blech ziehen und auskühlen lassen. Puderzucker und Zitronensaft zu einem dickflüssigen Guss verrühren und den Kuchen dünn damit überziehen.

VARIANTE

Statt den Kuchen mit Zuckerguss zu überziehen, können Sie ihn auch mit Zimtzucker bestreuen. Mischen Sie dafür 30 g Zucker mit 1/2–1 TL Zimt und streuen Sie den Mix vor dem Backen auf die mit Butter bestrichene Teigplatte. Den Kuchen dann wie beschrieben backen.

Nährwerte pro Stück:

120 kcal • **1 g** Eiweiß • **5 g** Fett • **16 g** Kohlenhydrate

Möhrenkuchen

FÜR 12 STÜCK
(1 SPRINGFORM, 26 CM Ø)

2 EL Ei-Ersatzpulver
150 g Zucker
1/2 Bio-Zitrone
400 g Möhren
100 g Buchweizenmehl
100 g Teffmehl (Zwerghirse)
1 TL Backpulver
gemahlene Nelken
Zimt
Fett für die Form

ZUBEREITUNG: ca. 25 Min.
BACKEN: ca. 50 Min.

1. Den Backofen auf 180° vorheizen. Die Backform fetten. Das Ei-Ersatzpulver mit 100 ml Wasser und Zucker verrühren. Die Zitrone heiß abwaschen und abtrocknen. Die Schale sehr fein abreiben, den Saft auspressen. Beides in den Zuckermix rühren.

2. Die Möhren putzen, dünn schälen und raspeln. Die Raspel mit Buchweizenmehl, Teffmehl und Backpulver ins Zitronenwasser rühren. Den Teig mit Nelken und Zimt würzen.

3. Den Teig in die Form füllen und im Backofen (Mitte, Umluft 160°) in ca. 50 Min. goldgelb backen. Leicht abgekühlt aus der Form lösen und auf einem Kuchengitter auskühlen lassen.

VARIANTE

Wer es süß mag, überzieht den abgekühlten Kuchen mit einer Zuckerglasur. Dafür 150 g Puderzucker mit 2 EL Zitronensaft verrühren und mit einem langen Messer dünn auftragen.

Nährwerte pro Stück:

135 kcal • **2 g** Eiweiß • **1 g** Fett • **28 g** Kohlenhydrate

Pflaumenwähe

FÜR 12 STÜCK
(1 SPRINGFORM, 26 CM Ø)

50 g kalte Margarine (ohne Soja und Milchprodukt)
100 g Teffmehl (Zwerghirse)
50 g Buchweizenmehl
3 EL Kartoffelstärke
1/2 TL Salz
750 g süße Pflaumen (am besten Zwetschgen oder Renekloden)
3 EL Pflaumenmus
200 ml Reisdrink
4 EL Ei-Ersatzpulver
2 EL Zucker
Fett für die Form

ZUBEREITUNG: ca. 20 Min.
KÜHLEN: ca. 30 Min.
BACKEN: ca. 30 Min.

1. Die Margarine in kleine Stücke teilen. Mit Teff- und Buchweizenmehl, Stärke, Salz und 7 EL kaltem Wasser rasch zu einem glatten Teig verkneten. Bei Bedarf noch etwas Wasser zugeben. Den Teig in Frischhaltefolie wickeln und 30 Min. kühl stellen.

2. Den Backofen auf 200° vorheizen. Die Backform fetten. Die Pflaumen waschen, vierteln und den Stein herauslösen. Den Teig auf dem Boden der Form ausrollen bzw. breit drücken. Den Formrand schließen und einen 2 cm hohen Rand formen. Den Boden mit Pflaumenmus bestreichen und die Pflaumenviertel dachziegelartig darauf verteilen.

3. Den Kuchen im Ofen (Mitte, Umluft 180°) 15 Min. backen. Reisdrink, Ei-Ersatzpulver und Zucker verquirlen. Über die Wähe gießen und weitere 15 Min. backen. Leicht abgekühlt aus der Form lösen und auf einem Kuchengitter auskühlen lassen.

VARIANTE

Die Wähe schmeckt auch mit Orangenfilets oder Ananasstückchen lecker – für alle, die kein Stein- oder Kernobst vertragen.

Nährwerte pro Stück:

150 kcal • **2 g** Eiweiß • **5 g** Fett • **24 g** Kohlenhydrate

Süßer Hefekuchen
mit Nektarinen

**FÜR 12 STÜCK
(1 SPRINGFORM, 26 CM Ø)**

50 g weiche Margarine (ohne Soja und Milchprodukt)
150 g Teffmehl (Zwerghirse)
50 g Buchweizenmehl
50 g Kartoffelstärke
1 Päckchen Trockenhefe
150 ml Reisdrink
50 g Zucker
800 g Nektarinen
Fett für die Form

ZUBEREITUNG: ca. 35 Min.
RUHEN: ca. 1 Std.
BACKEN: ca. 20 Min.

TIPP

Keine Probleme mit Gluten? Dann verwenden Sie herkömmliches Mehl statt der Mischung aus Teff-, Buchweizenmehl und Kartoffelstärke. Und wer Milch gut verträgt, tauscht den Reisdrink einfach gegen herkömmliche Milch (1,5 % Fett) und verwendet Butter statt Margarine.

1. Die Margarine in Flöckchen teilen. Die Flöckchen mit Teffmehl, Buchweizenmehl, Stärke, Hefe, Reisdrink und Zucker zu einem glatten Teig verkneten. Den Teig ca. 30 Min. an einem warmen Ort aufgehen lassen. Den Teig nochmals gut durchkneten und erneut ca. 30 Min. gehen lassen.

2. Den Backofen auf 180° vorheizen. Die Backform fetten. Den Teig auf dem Boden der Form ausrollen. Den Formrand schließen.

3. Die Nektarinen 1 Min. in kochendes Wasser legen. Herausheben, eiskalt abschrecken und häuten. Die Früchte halbieren und den Stein entfernen. Die Hälften in Spalten schneiden.

4. Die Nektarinenspalten auf dem Teig verteilen. Den Kuchen im Ofen (Mitte, Umluft 160°) ca. 20 Min. backen.

VARIANTE

Für einen **Johannisbeerkuchen mit Kokos** den Hefekuchen wie beschrieben, jedoch ohne Nektarinen, zubereiten, backen und in der Form abkühlen lassen. 1 kg Johannisbeeren waschen und abtropfen lassen. Die Beeren von den Rispen streifen und mit 200 g Zucker mischen, 20 Min. ziehen lassen. Den entstandenen Saft abgießen, bei Bedarf mit Wasser auf 200 ml ergänzen und aufkochen. 4 EL Kartoffelstärke mit etwas Wasser verquirlen und in die kochende Flüssigkeit rühren. Leicht abkühlen lassen und die abgetropften Beeren unterheben. Sobald die Masse dickflüssig wird, auf dem Kuchen in der Form verteilen. 6 EL Kokosflocken in einer beschichteten Pfanne ohne Fett hellbraun rösten. Über den Johannisbeerkuchen streuen.

Nährwerte pro Stück:
165 kcal • **3 g** Eiweiß • **5 g** Fett • **27 g** Kohlenhydrate

Gestürzte Apfeltorte
mit Rosinen

FÜR 12 STÜCK
(1 SPRINGFORM, 26 CM Ø)

750 g süße Äpfel
100 g ungeschwefelte Rosinen
80 g weiche Margarine (ohne Soja und Milchprodukt)
80 g Zucker
1 Päckchen Vanillezucker
2 EL Ei-Ersatzpulver
200 g Kartoffelstärke
1 Päckchen Backpulver
150 ml Reisdrink
1 EL Puderzucker
Zimt
Backpapier und Fett für die Form

ZUBEREITUNG: ca. 20 Min.
BACKEN: ca. 45 Min.

1. Den Backofen auf 175° vorheizen. Den Boden der Backform mit Backpapier auslegen, den Rand dünn fetten. Die Äpfel schälen, vierteln und das Kerngehäuse entfernen. Die Viertel in Spalten schneiden und dicht nebeneinander auf den Formboden legen. Die Rosinen darüber streuen.

2. Die Margarine mit Zucker und Vanillezucker schaumig schlagen. Ei-Ersatzpulver, Kartoffelstärke, Backpulver und Reisdrink unterrühren. Den Teig auf den Apfelspalten verteilen. Den Apfelkuchen im Ofen (unten, Umluft 150°) ca. 45 Min. backen.

3. Den Kuchen aus der Form lösen und auf eine Kuchenplatte stürzen. Das Backpapier abziehen. Den Kuchen auskühlen lassen. Mit Puderzucker und Zimt bestreut servieren.

TIPP

Wer keine Äpfel und Kernobst verträgt, kann den Kuchen auch mit Mangoscheiben, mit gut abgetropften Orangenfilets (von je 1 kg Früchten) sowie mit Nektarinen- oder Pfirsichspalten (von je 750 g Früchten) zubereiten. Und statt Rosinen schmecken auch Cranberrys oder andere Trockenfrüchte – nur ungeschwefelt sollten sie sein.

VARIANTE

Für eine **Schoko-Kirsch-Torte** die Äpfel und Rosinen gegen 750 g Kirschen (frisch oder aus dem Glas) tauschen. Frische Kirschen entsteinen, in wenig Wasser kurz aufkochen und abtropfen lassen. Früchte aus dem Glas gut abtropfen lassen. Die Kirschen in der Form verteilen. Unter den Teig zusätzlich 2 EL Kakao rühren. Wie beschrieben fortfahren und backen.

Nährwerte pro Stück:

205 kcal • **1 g** Eiweiß • **7 g** Fett • **35 g** Kohlenhydrate

Gut zu wissen
Bücher, Adressen und Links, die weiterhelfen

Buchtipps

Elmadfa, Ibrahim u. a. : Die große GU Nährwert Kalorien Tabelle 2008/09, Gräfe und Unzer Verlag, München

Marquardt, Trudel, Lanzenberger, Britta-Marei: Gesund essen Glutenfrei genießen, Gräfe und Unzer Verlag, München

Maus, Simone, Lanzenberger, Britta-Marei: Genussvoll essen bei Laktoseintoleranz, Gräfe und Unzer Verlag, München

Dr. Thiel, Claudia: Nahrungsmittelallergie, Trias Verlag, Stuttgart

Meyer-Rebentisch, Karen, Friedrichsen, Karen: Nahrungsmittelallergie: So helfen Sie Ihrem Kind, Trias Verlag, Stuttgart

Verbände

aid Auswertungs- und Informationsdienst für Ernährung, Landwirtschaft und Forsten
Friedrich-Ebert-Strasse 3
D-53177 Bonn
www.aid.de

Deutscher Allergie- und Asthmabund e.V. (DAAB)
Bundesgeschäftsstelle
Hindenburgstr. 11
D-41061 Mönchengladbach
www.daab.de

Deutsche Gesellschaft für Ernährung e. V.
Godesberger Allee 18
D-53175 Bonn
www.dge.de

Deutsche Zöliakie-Gesellschaft e.V.
Filderhauptstr. 61
D-70599 Stuttgart
www.dzg-online.de

European Centre for Allergy Research Foundation
Klinik für Dermatologie, Venerologie und Allergologie
Charité – Universitätsmedizin Berlin
Charitéplatz 1
D-10117 Berlin
www.ecarf.org

Österreichische Arbeitsgemeinschaft Zöliakie
Anton-Baumgartner-Straße 44/C5/2302
A-1230 Wien
www.zoeliakie.or.at

Österreichische Gesellschaft für Allergologie und Immunologie
Borschkegasse 8a
A-1090 Wien
www.oegai.org

ÖGE Österreichische Gesellschaft für Ernährung
Zaunergasse 1-3
A-1030 Wien
www.oege.at

IG Zöliakie der Deutschen Schweiz
Birmannsgasse 20
CH 4055 Basel
www.zoeliakie.ch

Schweizerische Gesellschaft für Allergologie und Immunologie
Scheibenstrasse 20, Postfach 1
CH-3000 Bern 22
www.ssai-sgai.ch

SVE Schweiz. Vereinigung für Ernährung
Effingerstr. 2, Postfach 8333
CH-3001 Bern
www.sve.org

Einkaufstipps

Viele allergikergeeignete Produkte sowie die Zutaten für unsere Rezepte finden Sie im gut sortierten Supermarkt, im Reformhaus oder im Bioladen. Ein breites Angebot gibt's auch im Internet, z.B. bei:
www.allsana.de
www.purenature.de

Weitere Informationen

www.aktionsplan-allergien.de

www.dgk.de/gesundheit/allergie-haut/allergien/nahrungsmittel-allergien-i.html

www.evz.de/allergie

Auf der Website des Europäischen Verbraucherzentrums finden Sie ein Allergiewörterbuch in 21 Sprachen zum Downloaden.

Gerichte nach Kapiteln

Rezeptregister von A bis Z